Cinema ou Sardinha
(Parte I)

Guillermo Cabrera Infante

Cinema ou Sardinha
(parte I)

Tradução:
Carlos Ramires

Cine o Sardinha
Copyright © Guillermo Cabrera Infante, 1997
All rights reserved

Editoração eletrônica
Rejane Megale Figueiredo

Revisão
Gilson B. Soares

Revisão técnica
Jayme Biaggio

Capa
Axel Sande

Adequado ao novo acordo ortográfico da língua portuguesa

CIP-BRASIL. CATALOGAÇÃO-NA-FONTE
SINDICATO NACIONAL DOS EDITORES DE LIVROS, RJ
....
C123t

Cabrera Infante, G. (Guillermo), 1929-2005
   Cinema ou sardinha? : [cine o sardina] / Guillermo Cabrera Infante ; [tradução de Carlos Ramires]. - Rio de Janeiro : Gryphus, 2013.

   Tradução de: Cine o sardina
   ISBN 978-85-60610-87-7

   1. Cabrera Infante, G. (Guillermo), 1929-2005. 2. Cinema - História. 3. Indústria cinematográfica. I. Título.

12-5745.   CDD: 791.43
                                                           CDU: 791
....

Direitos para a língua portuguesa reservados, com exclusividade no Brasil para a:
GRYPHUS EDITORA
Rua Major Rubens Vaz, 456 — Gávea — 22470-070
Rio de Janeiro — RJ — Tel.: (0XX21) 2533-2508
www.gryphus.com.br — e-mail: gryphus@gryphus.com.br

A José Luis Guarner
in memoriam

Sumário

O homem que nasceu com uma tela de ouro 1
Morre de velho o cinema. 2
Méliès, o mago, empreende a jornada fantástica 5
O nascimento de um gênero. 6
Literatura e cinema — cinema e literatura 8
Kafka vai ao cinema — centenário do homem que foi K 10
O velho e o mal. 14
A música que não vem de parte alguma 17
Anônimo tributo 23
Cinema sonoro: o século de ouro. 27
"La commedia (musicale) e finita!" 34
Por quem os filmes dobram 44
O filme B morreu. Viva o filme B! 55
Fotos do cinema 60
Estrelas, atrizes e pecadoras 64
Vestidos e travestidos 73
Latinos e ladinos em Hollywood 76
Fortunio Bonanova! 93
Ave Félix 96
Nem flor nem coroa. 102

Biografia Íntimas

Até quando, Catalina? 107
Marlene conta o tango 111
O canário coxo 116
Cukor significa açúcar 120

> *"Eu tenho um amigo morto que vem sempre visitar-me."*
> José Martí

Retrato de um artista quando colecionador 127
Adeus ao amigo da câmera 131
O único Guarner possível 135

Índice Onomástico 139
Índice de Filmes, Peças e Livros 147

O HOMEM QUE NASCEU COM UMA TELA DE OURO

Isso mesmo, nasceu não em berço de ouro, mas com uma tela de ouro nos dois olhos. Devo saber o que estou dizendo, fui eu que nasci com uma tela de ouro nos olhos. A tela era a do cinema, e a primeira coisa que vi apareceu como fumaça nos olhos, uma imagem cinza e nublada como fumaça que passava não pela plateia, mas pela tela. Como sabemos, a visão do cinema está nos olhos de quem vê. O filme não passa de um *trompe l'oeil* que deu certo, e passou a dar ainda mais certo com a chegada do filme sonoro. Mas é preciso admitir que agora existe algo de excessivo no cinema. Deve ser a tela, que não é mais um lençol branco, como nos tempos heroicos, mas, segundo Katz, na sua enciclopédia do cinema, "o material refletor sobre o qual se projeta o filme". Em vez de "refletor" devia dizer reflexivo: para mim o cinema é uma lição de moral projetada a 24 fotogramas por segundo, o que lhe dá a ilusão do movimento. Graças, como se sabe, a uma imperfeição do olho: a persistência da imagem na retina.

Na mágica de salão a mão é mais veloz que o olho, no cinema a imagem é mais veloz que o olho. E a tela ganhou uma proporção desproporcionada: 1:33:1. Desde que a maçã despencou na cabeça de Newton, nunca uma expressão matemática deu tanto que falar, e este formidável aspecto nos transforma a todos (estrelas, atores e quem gira em torno de umas e de outros) em versões de Gulliver, e a nós, formigas ou cigarras, em liliputianos que chegam à praia e veem o gigante dormir, acordar e, em nosso tempo, fornicar com atitudes (e aptidões) de trapezista, com a cama por rede.

Morre de velho o cinema

O cinema, arte do século XX, foi a única a nascer de uma tecnologia. É verdade que para esculpir uma figura é mister cinzel e martelo, ferramentas preexistentes; mas antes da pedra e do mármore já se faziam figuras de barro cozido (quem inventou o fogo, Prometeu?), ou se escavavam imagens na madeira — bastava uma faca. Para aprender a fazer arte, como em Altamira, o homem pré-histórico não precisou da lousa negra de *2001 — Uma odisseia no espaço*. O óleo, técnica inventada no Renascimento, teve seus antecessores na têmpera e no carvão, cujas origens se perdem na noite dos tempos. A arquitetura teve início com a primeira choupana construída para escapar da caverna, enquanto a música já contava no mundo mitológico com a charamela pastoril, ou flauta de Pã, e todos tinham a seu dispor a voz humana.

Só o cinema se tornou possível graças a um avanço tecnológico. Depende, é verdade, da imperfeição fisiológica que consiste na persistência na retina de uma imagem que já desapareceu — ou, com a invenção do cinema, que já foi substituída. Mas foi a fotografia, exibindo fotos sucessivas, que deu a certos inventores do século XIX a ideia de acelerar o ritmo das imagens para 16 fotos por segundo (o cinema sonoro elevou esta velocidade para 24 fotogramas por segundo, refinando a ilusão do movimento) e assim fazer com os artefatos que jogavam com as sombras (chinesas ou não) aparelhos capazes de criar com assombrosa eficácia ilusões não muito diferentes de brinquedos ou, se preferir, da magia de salão. Um desses visionários que nos permitiram ver foi Thomas Alva Edison. Não foi para lisonjeá-lo que o chamaram de o mago de Menlo Park.

Edison, que inventara a lâmpada incandescente (sem a qual não haveria projeção de filmes) e o fonógrafo (que desempenhou papel central no cinema sonoro), inventou também a câmera cinematográfica, com ajuda de George Eastman, o homem que virou

Kodak, criador do filme de 35 milímetros, essencial para o cinema. (Ainda hoje está em uso.) Mas Edison, um inventor que fazia pouco caso das coisas, afirmou sobre seu próprio invento: "O fonógrafo jamais reproduzirá a voz da soprano." Calma aí, Maria Callas.

Se o cinema é não uma invenção, mas um processo para o qual colaboraram Edison, Eastman e os irmãos Lumière (para não falar dos inventores precedentes, que criaram o fenacistoscópio, o zootrópio e o desenho animado do cego belga Plateau), o resultado final de uma filmagem, o filme, a fita, seja qual for o nome que se dê, é um esforço coletivo, antes de tudo do fotógrafo (não há filme sem fotografia), do diretor, que pode ser um gênio, um megalômano obtuso ou um simples artesão, dos atores e dos técnicos atrás da câmera, do assistente de câmera firme, sagaz, até os anônimos eletricistas, as cuidadosas maquiladoras e os homens e mulheres dos camarins e do guarda-roupa, todos, *todos* colaboram para fabricar o mesmo produto, que até então era um projeto e agora pertence ao produtor, e talvez ao público. Já deixou de ser verdade a estética francesa dos anos cinquenta, chamada *la politique des auteurs* (o diretor como autor) e que não passava da política dos *amateurs* para virar profissionais. Ou melhor, tal estética sempre foi uma mentira, mas as mentiras críticas francesas têm o atrativo elegante de Paris, embora a fidelidade a elas dure apenas um verão. (Vejam-se todos esses ismos que rimam com istmo, que é uma faixa estreita.)

Edison não tardou a ignorar o cinema, que para ele não passou de um *peep-show*. Ou seja, não um espetáculo, mas umas imagens vistas por um buraco: o artefato agradava a quem se divertia olhando pelo buraco da fechadura. Quando Méliès, iniciador do cinema como espetáculo de magia, foi visitar Louis Lumière para adquirir a sua câmera-projetor, ouviu uma resposta singular: "Cinema é uma invenção sem futuro." E, no entanto, Lumière não só tinha inventado a câmera de mão, o projetor e a tela branca, mas foi também ainda mais importante por criar os gêneros do cinema do futuro.

Na primeira projeção pública (não num cinema, mas num bilhar em que já se cobrava ingresso), exibiram-se, com assombrosa eficácia técnica, os primeiros exemplos dos gêneros do cinema. Este programa pioneiro foi o que se segue: *A saída dos operários da Fábrica Lumière* (produto que revela a sua própria produção, como tantos comerciais de TV) instituía o gênero documentário que, em cores e montagens arrojadas, inunda hoje as telinhas, e o subgênero semidocumentário, favorito de todos os cineastas totalitários, de Leni Riefenstahl a Lev Kuleshov. *A chegada do trem na estação*, devido à posição da câmera e à ausência de terceira dimensão, criava a impressão de que a locomotiva ia sair da tela e esmagar esses primeiros espectadores, tomada que viria a ser obrigatória nos seriados e filmes de suspense, e imprimiu um caráter dramático ao trem, grande veículo melodramático dos primeiros cinquenta anos do século XX — e do cinema. Finalmente, *O regador regado,* com que Lumière institui as premissas maiores da futura comédia, muda ou falada, com um objeto cotidiano que se rebela ao revelar-se.

Essas manifestações da arte que nascia com sua própria invenção constituem o verdadeiro legado de Louis Lumière e seu irmão Auguste. Edison, que inventou uma forma de cinema (criou o primeiro estúdio, a que chamou Black Maria, alusão ao quarto escuro de revelação), produziu também o primeiro filme a cores, e suas invenções formaram a base da indústria chamada Hollywood, que o homenageou duplamente. Em 1940 a Metro produziu não uma, mas duas biografias do inventor: *O jovem Thomas Edison*; e *Edison, o mago da luz,* em que Mickey Rooney crescia e se transformava em Spencer Tracy.

George Eastman, que viabilizou o cinetógrafo de Edison e, ao mesmo tempo, o cinematógrafo de Lumière, ao inventar o filme de 35 milímetros, foi mais cético que Lumière e Edison em relação ao futuro do cinema e suicidou-se. Eastman tem seu monumento mínimo em cada rolo de filme que profissionais e amadores inserem em cada câmera, mas a máquina não foi batizada com seu nome e sim como Kodak, nome derivado de uma onomatopeia: o clique do obturador. Até hoje também não se homenageou devidamente Louis Lumière, talvez por ele ter aderido ao nazismo.

Mas todos esses inventores e criadores, iludidos e sonhadores, têm o seu monumento na forma do seu momento nessa arte que já tem um século — e morre para renascer em seu rebento, o mais vilipendiado e mais visto da história da humanidade: a televisão. O cinema morre de velho e renasce a cada dia. Ou melhor, a cada noite, como ato sexual que é. O cinema — alguma dúvida? — é um afrodisíaco.

MÉLIÈS, O MAGO, EMPREENDE A JORNADA FANTÁSTICA

As sessões do festival de Cannes são abertas com uma frase que é banal em francês mas ganha ar de ritual com a repetição: *"La séance commence."* Em nenhum idioma que eu conheça este anúncio nem de longe é tão preciso e carregado de alusões. Nem *"Comienza la función"* nem *"The show is about to begin"* encerram o mistério ou o significado que eu creio encerrar em francês, onde o termo *séance* invoca todos os espíritos, além da intervenção de Madame Blavatsky, espiritista de alto coturno. Aquilo que Milton, Homero inglês, conjurou diante de seus olhos de cego e de poeta — "incontáveis espíritos armados/em luta incerta" — pode evocar com perfeição o filme de aventura que ele jamais veria. Os "incontáveis espíritos" vêm a ser as vagas sombras invocadas sobre o lençol branco da tela, o lençol do espectro que ainda não ganhou a cor; não é o espectro solar, é o enigma da noite e da Lua.

Georges Méliès foi o primeiro mago, o primeiro cineasta, o primeiro a convocar a fantasia, e deixou pra trás esses irmãos Lumière, que só enxergavam operários saindo da fábrica, um trem entrando na estação ou um regador regado numa espécie de pornô pra bobalhões. Não para o Grande Georges. Para ele o que havia era a perspectiva da jornada: os primeiros homens no espaço exterior, o lançamento do foguete que ia ferir o olho da Lua a contemplar a noite, invenções que tornavam possíveis o cinema e também o maravilhoso transitar. Mago de salão, ilusionista e ventríloquo, Méliès estava preparado para o futuro, e adiantou-se aos atores que falariam com voz mal colocada. Méliès, ademais, tinha comprado o teatro Robert Houdin (cuja dona era a viúva do mago Houdin: lembram-se de seu imitador, que teve a ousadia de chamar a si próprio O Grande Houdini?) e destacou-se como mestre do ilusionismo: as ilusões chegariam com o cinema. Assim, foi o primeiro a dizer: "A aventura vai começar" e anunciar a *séance*.

O NASCIMENTO DE UM GÊNERO

Não há momento mais emocionante no cinema do que aquele em que nasce um gênero, essa noção que sobrevoa os espectadores como um paracleto protetor feito de imagens. O paracleto não é um periquito paraguaio, é o espírito do cinema. Não há cinemateca que se preze que não tenha projetado *O grande roubo do trem*, de Edwin S. Porter. É um curta, um filmeco que começa e termina com um cavalheiro de bigode e chapéu apontando para a câmera um Colt 45 e disparando seis balas à queima-roupa — contra o espectador, claro. Esta fanfarronada marca o surgimento do gênero faroeste, e cada faroeste tinha como gene esta célula fotográfica, até que Michael Cimino resolveu que os gêneros são destrutíveis, como uma forma perecível da matéria. *O portal do paraíso* abriu-se à destruição, como se fosse a porta do inferno. Algum dia o faroeste vai retomar o galope, e quando isto acontecer veremos o cavaleiro de chapéu e bigode hirsuto a disparar contra você, que sabe que o faroeste é imortal.

Outro gênero que pudemos ver nascer, não na cinemateca mas na TV, foi o filme de gângster. *Paixão e sangue*, dirigido pelo singular Joseph von Sternberg, nascido Joe Stern, é um resumo de todos os filmes de gângster. Borges, que descobriu essa fita com o título mais sugestivo de *La ley del hampa*, declara que esta é uma de suas influências literárias e gaba seu "laconismo fotográfico, organização refinada e procedimentos oblíquos e adequados". Os mesmos adjetivos serviriam para elogiar o recente *Os intocáveis*, em que Brian de Palma reconhece a primazia do gênero e lhe dá continuidade. O cinema crime acabou com seus inimigos e continua vivo e ativo, como um megatério do século XX.

O musical, desde *O cantor de jazz* (convém lembrar que o som tornou realista o filme de gângster, enquanto a comédia musical já nascia fantasiosa) até *O detetive cantor* ou seu antecessor, *Dinheiro do céu*, que tem o mesmo autor, o roteirista Dennis Potter, sempre foi afônico e manco, e muitas vezes deplorável. Mesmo com uma perna só, porém, continua a dançar, fazendo chorar e nos obrigando a cantar, se não na chuva ao menos no chuveiro. Não há espectador nascido após 1929 que não tenha sentido o sortilégio da música no cinema: voando para o Rio nas asas de Ginger Rogers, passando um dia em Nova York atrás de Vera Ellen ou dançando na penumbra com as infinitas pernas de Cyd Charisse enroscadas como uma gentil jiboia. De fato, quem já não quis ser Fred Astaire com Rita ou com Audrey e de novo com Cyd campeadora? Quem não quis não viveu neste século.

Os críticos e espectadores cínicos comentavam a morte da comédia muda, que de fato, como todas as coisas primorosas, morreu quando nasceu a palavra. Mas esses comentaristas (convém lembrar que, como fez Don Juan, foi preciso tirar um Comendador do túmulo para levá-lo ao jantar e ao cinema) não podiam ver, não *queriam* ver que, ao longo da década, um gênero cômico, que não devia nada aos cômicos mudos e quase tudo à palavra escrita para ser falada, já se tornara alimento rotineiro no cinema depois do jantar. Hoje, claro, é possível citar títulos, mencionar nomes e traçar genealogias. O espectador que pagava a entrada para divertir-se podia ser outro por algum tempo, aquele que esquecia a comédia muda para rir com a falada. Esse tipo de cinema foi chamado de comédia maluca e produziu obras-primas, como *Levada da breca*, *Última hora*, *Suprema conquista* e *Meia-noite* nos fim dos anos 30, e nos 40 ainda seguia em forma, má forma. Nos anos 50, com apoio de Billy Wilder, que escreveu *Meia-Noite*, chegaram *Inferno nº 17* e *O pecado mora ao lado* que, como *Última hora* e *Jejum de amor*, versões invertidas da mesma história, tinha origem no teatro: o riso brotava da palavra. Ainda nos anos 60, o próprio Billy Wilder conseguia colher umas tantas comédias malucas, como *Quanto mais quente melhor (Con faldas y a lo loco* em espanhol) e *Beije-me, idiota*, em que o erotismo era uma forma de imbecilidade. Há comédias supermalucas, como *Loucos, apaixonados e incuráveis*, em que Freud sai pelo palco e nem Howard Hawks nem Billy Wilder poderiam reconhecer os seus supostos herdeiros. Mas aí estão elas, com sua doce demência, para declararem-se loucas numa jaula de plástico.

Literatura e cinema
Cinema e literatura

É longa a história das relações entre a literatura e o cinema. Menos longa, mas talvez mais importante, é a história das relações entre o cinema e a literatura. A despeito de sua origem como invenção visual, o cinema aspirou ao prestígio da literatura. A primeira cena de amor de *O Beijo*, de 1896, que poderia ser tomada por um ato de puro cinema erótico, vem de uma peça teatral, *A viúva Jones*. Méliès, tão inventivo, baseou-se em adaptações de H.G. Wells e Jules Verne. Um dos grandes êxitos do cinema mundial foi *O assassinato do duque de Guise* (1908), que saiu de um texto literário e teatral. Mas de fato houve, bem no princípio, um grande êxito nascido no próprio cinema e com recursos cinematográficos, que foi *O grande roubo do trem*, a que se atribui não só a invenção do *close-up* mas também, coisa mais importante, a criação de um gênero, o faroeste, que não se deve a Lumière. No primeiro longa-metragem exibido nos Estados Unidos, *A rainha Elizabeth*, Sarah Bernhardt exibira o seu exagerado histrionismo. Os primeiros críticos de cinema, como o poeta americano Vachel Lindsay, provinham da literatura. Bela Balazs, ou melhor, Balas, outro esteta dos primeiros tempos, foi libretista de Bela Bartók e amigo de Bela Lugosi, cujas reuniões noturnas em Buda e em Pest vieram a ser as Noites dos Belas. Mas Balazs proferiu uma frase famosa já em 1924: "O cinema está a ponto de imprimir um novo rumo a nossa cultura." Esse novo rumo não foi impresso por uma estética mas, como ocorre no cinema, por uma tecnologia, neste caso o som, que abriu caminho ao cinema sonoro três anos depois. Mas, ao contrário do que acreditava Lindsay e do que pregava Balazs, o cinema se tornou mais teatral e transformou-se nos *talkies*, nos que falavam e não paravam de falar. O ato pioneiro de Bernhardt progrediu com uma avalanche de atores de teatro, de diretores de teatro e de dramaturgos. Shakespeare sempre foi um predileto do cinema, que produziu mais versões de suas peças do que nunca, o que resultou, durante o cinema mudo, em vãos esforços para traduzir visualmente a poesia do Bardo, que sempre foi música verbal. Houve até uma coisa estranha: a atriz dinamarquesa Asta Nielsen fez em 1920 uma versão muda de *Hamlet* em que ela interpretava não Ofélia ou a rainha Gertrudes, mas o próprio príncipe! Mas no auge do som, os anos 30, o cinema mudou de figura. Apareceu um filme chamado *Mimi*, que era *La Bohème* — sem música. No ano seguinte a Metro produziu uma ambiciosa versão do *Romeu e Julieta* de William Shakespeare — com "diálogo suplementar de Talbot Jennings". Felizmente, o som viabilizou comédias magistrais, como *Suprema conquista*, *Levada da breca* e *Meia-noite*. Também permitiu a criação de uma absoluta obra-prima, estranha simbiose de teatro, rádio e expressionismo, tudo servido por uma literatura que não vinha de parte alguma; era feita para o cinema. Chama-se *Cidadão Kane*. A partir daí o cinema já não se fazia com literatura; fazia literatura com outros meios, excepcionalmente visuais.

Por sua vez, o cinema influiu na literatura, de que também faz uso com fins próprios. Exemplo disto são os diálogos de Hemingway que deram forma a todos os cacos do cinema desde *O último voo* (1931) até Quentin Tarantino em *Pulp Fiction — Tempo de violência* (1994), cujos diálogos não seriam possíveis se não tivesse existido a esticomítia de Hemingway. Outra viagem de ida e volta é *O beijo da mulher aranha*, de Hector Babenco. Este filme deve não só os diálogos mas também as imagens a um romance de Manuel Puig. Por outro lado, Puig, ou melhor, sua literatura, não existiria sem o cinema, num perfeito exemplo da questão do ovo e da galinha: o que criou Puig e quem o criou? Um filme ideal seria feito por Tarantino com uma história de Puig: o cinema como alimento de si mesmo. Este é "o novo rumo" que imprimiu Balazs, Béla: belas balas.

Kafka vai ao cinema
Centenário do homem que foi K

Franz Kafka é o único verdadeiro escritor metafísico e, curiosamente, está mais popular do que nunca: a exemplo de Nostradamus, todo mistagogo vira folclore. Kafkiano é hoje um adjetivo corrente para qualificar qualquer coisa estranha ou distorção arbitrária, além do absurdo cotidianamente deparado. "Confusão cotidiana" é uma esquisitice kafkiana, e também o que amiúde ocorre quando vamos visitar um amigo que saiu para nos visitar — nos desencontramos irremediavelmente. Ademais, Kafka entrou na arte do século pela tela. James Joyce foi explorado vilmente, ou, pior, homenageado com uma incompetência disfarçada com louvores. Marcel Proust ainda espera a busca do tempo perdido com uma câmera que olhe e grave, enquanto passeia pelo caminho de Swann. Mesmo sem Kafka, porém, já existe um cinema kafkiano: este conhecimento é um reconhecimento.

De saída, é preciso dizer que Kafka gostava muito de Chaplin. A variegada humanidade pós-vitoriana por onde Carlitos perambulava com seu andar de pato, mas nada inseguro, divertia o enxuto esmero do autor de *Josefina, a cantora*. O humor de Kafka, constantemente presente em sua prosa, faz-se tão evidente em *A metamorfose* como o de uma comédia muda: Mack Sennett roda na Mala Strana. Nada mais risível que o incestuoso inseto (barata que não sabe andar, escaravelho largado não embaixo da cama mas em cima, percevejo que virou subitamente vegetariano) com a carapaça incrustada de maçãs que apodrecem no ambiente insólito do quarto de Gregor Sansa. Não se trata de um sonho nem de um pesadelo, mas de um filme cômico de horror, como *O gato e o canário* no gueto. O curioso é que Kafka havia escrito sua pequena obra-prima em 1912, e só dois anos mais tarde Chaplin rodou seu primeiro filme. Como Sansa com sua carapaça e as seis patas, Chaplin não estava preparado para a mudança. A fim de alcançar sua metamorfose cômica, Chaplin precisava de um disfarce de inseto social perfeito, e as três patas (contando com a bengala) só o tornavam meio inseto. Essa transformação ocorria, claro, *avant la lettre*.

No começo de *América*, Karl Rossman (outro K, outro Charlie) estava de pé no barco que penetra na baía de Nova York "quando um súbito raio de luz iluminou a Estátua da Liberdade, e ele a viu sob uma nova luz... O braço da estátua se levantava altivo com a espada na mão." Todo o mundo sabe que a Estátua da Liberdade empunha uma tocha, não uma espada. É a estátua da Justiça que vive de olhos vendados e segura uma espada com uma mão e com a outra uma balança. Em Kafka não existe a menor intenção política, quer dizer, satírica: não pode haver literatura mais irreal, menos física; metafísica. É por isso que sua arte, embora superficial, pode ser profética. É essa deslumbrante superficialidade que o aproxima do cinema, que, como Kafka, sonha por nós. Kafka sonhava sempre em forma de cinema. Sua parábola *Desejo de ser pele-vermelha* mostra que Kafka também conheceu o Oeste americano quando menino: no bairro judeu de Praga o escritor ansiava pela vasta campina, pelo cavalo e o arrojo de um bravo que, como nos paradoxos de Zen, perde primeiro os estribos, depois as rédeas e finalmente a própria montaria, mas não na pradaria exótica e sim no familiar manguezal próximo.

Em *O imigrante* (1917), quando entra no porto de Nova York o navio em que vêm Charlie e outros emigrantes, todos são amarrados pela polícia de imigração enquanto navegam rumo à Estátua da Liberdade. Aqui, a despeito da comicidade que se busca, havia de fato uma intenção satírica, ou seja, política. Contudo, se há dois artistas deste século que se parecem, são Chaplin e o homem que escreveu *Um artista da fome* e *Primeiro sofrimento*. Não é por acaso que Chaplin e Kafka são judeus. Kafka assumiu a sua condição diante do próprio pai, judeu assimilado. Chaplin sempre mantinha um ambíguo silêncio quando lhe perguntavam se era judeu. Chaplin ou Kaplan em inglês?

François Truffaut compara Hitchcock a Kafka e Poe, comparação superficial. Todo diretor de cinema é superficial: seu mundo só tem duas dimensões. Mas *O terceiro tiro* é um exercício de absurdo cômico que jamais teria acontecido se Kafka não tivesse escrito seus contos em que o horror absurdo se apresenta como a única forma de vida possível. *A metamorfose*, por exemplo, está na origem de *Os pássaros*, em que Hitchcock transforma as aves mais inofensivas numa forma suprema de ameaça.

O passageiro — Profissão repórter, de Antonioni, é Kafka ao contrário: um homem que renuncia à própria identidade e vê-se perseguido e finalmente acossado e exterminado por causa de seu novo passaporte. Kafka, é preciso reconhecer, tornou-se, como Shakespeare e Poe, um escritor de filmes. Mesmo num filme menor e medíocre, como *As pedras do dominó*, do incansável produtor Stanley Kramer, não só o argumento deve o tema e estrutura a Kafka, mas também uma das personagens, para ganhar o espectador e conseguir sua cumplicidade, declara-se kafkiano e pergunta ao protagonista, como se falasse das tiras dominicais: "Você não leu Kafka?" O resultado óbvio é Kramer versus Kramer. Em *Banda à parte* o atroz Godard cita Kafka emparedado entre Rimbaud e Lewis Carroll, e imita-o por meio de Borges, um discípulo, com seu universo fechado em *Alphaville*, em que outra galáxia é *Paris vu par*: aqui Lemmy Caution pode se chamar Lemmy K. Até o venerável Carl Dreyer, em seu insuportável *Dias de ira*, toma toda a sua parafernália teológica emprestada de Kafka e sua metafísica futura. E enquanto isso Robert Bresson, que professa uma religião alheia a Kafka, o catolicismo, descreve em sua obra-prima, *Um condenado à morte escapou*, aquilo que se chamou o orbe fechado kafkiano — neste caso uma prisão da Gestapo na França durante a Ocupação. Victor Hugo disse que o século XIX se havia shakespearizado. Agora se pode dizer que no século XX tanto a vida como o cinema, outra forma de vida, se kafkianizaram.

Dir-se-ia que Kafka atingiu seu ponto culminante no cinema com *O processo*, de Orson Welles, que confessou ter adaptado o romance "com bastante liberdade". Welles estava mais preparado para levar *O processo* à tela do que o literal Joseph Strick com seu *Ulisses* de Joyce, que destruiu, rodando o filme numa Dublin atual e tentando fazê-la passar por genuína. Welles, porém, cometeu um crime imperdoável, e a pena chegou antes da sentença: reduziu toda a ambiguidade do romance à desenfreada realidade do pesadelo. Já no começo do filme, Welles, com sua voz abominável, anunciava: "dizem que a lógica desta história é a lógica do sonho... ou do pesadelo." Para quem entende Kafka, a história tem uma lógica teosófica. Se K não é o inocente culpado, seu processo, que nunca chegará, ganha sentido para Welles, mas não para Kafka. De certo modo, um filme bem anterior de Orson Welles, *A dama de Xangai*, é bem mais kafkiano que *O processo*.

Paradoxalmente, o momento culminante de Kafka no cinema chegou com Joseph Losey e um roteiro original de Franco Solina, que tinha o título neutro de *Monsieur Klein*. Essa fita é a dramatização mais acabada do conceito da angústia paranoica. As marionetes de Kafka (não há como chamá-los de heróis) sempre são seguidas ou perseguidas (ou, como em *O castelo*, chamadas mas não eleitas) por forças desconhecidas ou irracionais que para os outros são perfeitamente lógicas. A paranoia é uma mania de perseguição, mas termina quando a perseguição se torna real. O Estado totalitário é a cura da paranoia pura, e é nesta armadilha, mais lógica do que teológica, que vai cair Klein, o atual M. K. que vive numa Paris vista pelos nazistas. Em todo o filme, concebido e dirigido por Losey com a convicção de que estilisticamente o nazismo é a dramatização mais violenta da *art déco*, os atores atuam magistralmente (Alain Delon, uma surpresa, e Jeanne Moreau, vampira tão carnal que diante dela Kafka teria recuado por horror ao crime da concupiscência). Klein não acorda uma manhã convertido em culpado, mas submete-se a um processo gradual como a um jogo de identidades trocadas, e para sua culpa — ser judeu por opção — toda sentença vem antes do veredicto: a condenação está implícita na arbitrariedade de sua detenção que não acontece. Para que *Monsieur Klein* fosse um filme kafkiano perfeito foi preciso meio século de experiência com Kafka no cinema. Das primeiras fantasias de Hitchcock à crua pornografia neonazista de Liliana Cavani em *O porteiro da noite*, todos passaram por Kafka: Hitchcock como melodrama, Cavani como tara gótica a cores, onde o campo de concentração se transforma em *camp* concentrado. Klein é culpado, claro. Sempre foi, de Borges a Beckett, passando por Ionesco, que é Kafka com gargalhadas.

Quando seu discípulo, o juvenil Janouch, lhe disse que sua obra era "o espelho da manhã", Franz Kafka tapou os olhos, balançou-se à moda hassídica e exclamou: "Tens razão. É verdade. Provavelmente é por isso que não consegui acabar nada." Hoje, o século e o cinema são esse espelho escuro e, ao escrever sobre Kafka, nunca se consegue terminar inteiramente.

O VELHO E O MAL

Não me chamo Ismael — não foi Melville que me batizou —, mas participei da caça a um Moby Dick real: o enorme peixe-espada que, vencedor vencido, viria à superfície no filme *O velho e o mar*. O peixe-espada nunca apareceu. Mas o fato de estar ao lado de Ernest Hemingway (que a partir de então ficou sendo apenas Hemingway) em seu iate, navegando na corrente do Golfo para buscar, caçar (peixe grande não se pesca, se caça) e destruir o grande peixe-espada e capturá-lo com a fotografia em movimento chamada cinema — em glorioso *technicolor* — fez dessa ocasião um dos melhores momentos de minha vida de jovem repórter em Havana. Eu não era bem repórter, antes um crítico de lançamentos que acompanhava o famoso escritor laureado, uma lenda viva, juntamente com uma equipe de Hollywood, para tentar capturar o grande peixe necessário ao filme da Warner Brothers que se produzia então em Cuba. "Então" era 1955.

A aventura vai começar. "Ele era um velho que pescava sozinho em seu barco", assim começa *O velho e o mar*, "na *Gulf Stream*. Havia oitenta e quatro dias que não apanhava nenhum peixe." O herói solitário da história é Santiago, um velho pescador cubano que "se tornara *salao*". Hemingway, cubanizado, explica que *salao* é o pior tipo de azarento. Como bom pescador, chama o mar de *la mar*, e lembra: "é como os que *a* amam chamam o mar em espanhol". *O velho e o mar* se parecem demais com *Moby Dick* para que os pontos comuns sejam meras coincidências.

Citei o livro porque tinha marcado um encontro com o autor em Cojímar (pequeno porto pesqueiro perto de Havana, onde começa a novela) no dia seguinte cedinho, para embarcar no iate, o *Pilar*. Eu tinha que estar no cais às seis da manhã, que eram cinco na minha casa. Cheguei na hora, mas para isso não dormi a noite inteira. Quando cheguei, Hemingway já estava lá, no

Cinema ou Sardinha

seu conversível vermelho, ao volante a mulher dele, Mary. Antes de eu entrar, Hemingway me disse: "Espero que você não enjoe." Respondi que eu nunca enjoava: por segurança, tinha me entupido de dramamina. Agora posso contar o que ninguém naquele cais sabia: eu nunca tinha entrado sequer num barco a remo. Íamos para o alto-mar, entrar na corrente do Golfo, este rio salgado que corre do golfo do México à Noruega a doze milhas náuticas por hora. Uma estrada líquida.

A bordo Hemingway foi atacado por uma sede implacável, como se o Golfo fosse o deserto de Gobi: agarrava uma garrafa térmica e não parava de beber. Não tardei a perceber que a garrafa não continha água, mas uma potente beberagem (vodca com suco de lima), que ele consumia à sua discrição, e com indiscrição. Seu café da manhã foram dois tragos. A viagem foi lenta até o célebre rio tropical que viaja para a Europa, como estas páginas. Agora levados pela corrente, só tínhamos visto peixes-voadores. Segundo Gregório, o outro capitão a bordo, os voadores fogem do mar porque são perseguidos por peixes vorazes: tubarões, e talvez *pejes* espada. Mas durante todo o dia eu não vi um peixe-espada caçando peixe-voador para nós caçarmos. Só via Hemingway. Parecia aborrecido, e seu interesse no mar, em geral, e em particular no peixe-espada, afrouxava à medida que se acentuava a inclinação do cotovelo à boca, passando pela garrafa. De repente ele deixou o seu posto de comando à popa, resvalou para estibordo e cruzou para bombordo rumo à proa — não foi com Hemingway que eu aprendi esses termos, foi com Conrad. Depois, ainda com a garrafa na mão, afastou-se e nada aconteceu. Em seguida estendeu na coberta toda a extensão de seu corpo — ao menos um metro e oitenta —, pôs um dos fortes braços sob a cabeça, como travesseiro, e dormiu. Talvez sonhasse com leões numa praia da África. Assim termina *O velho e o mar*: com um fracasso, mas não com uma derrota.

Quando Hemingway acordou, estavam distribuindo um almoço quente tirado dos recipientes térmicos usados no cinema para alimentar deuses inferiores: toda a equipe que vinha para filmar o maior peixe-espada do oceano Atlântico, talvez de todo o Ocidente. Hemingway sequer cheirou, muito menos provou um dos enormes e fumegantes bifes que tiravam dos recipientes como um mágico tira coelho da cartola. Mas de repente ele gritou: *"Number one!"* Pensei que tivesse avistado o primeiro peixe-espada. Mas só estava anunciando que ia urinar. Como o iate não tinha mictório para dar mais espaço à cabine, foi urinar no mar. Parecia um insulto, mas Hemingway se apoiou na amurada (não me lembro se a estibordo ou bombordo) e mijou no mar, na majestosa corrente do Golfo.

Mais tarde, ao grito de *"Number one two!"*, Miss Mary, como era conhecida Mrs. Hemingway, aproximou-se cambaleante e feminina da outra amurada. Mas Hemingway, pudico, pediu que todos dessem as costas para o mar e para Miss Mary. Nós nos viramos e eu fiquei sem saber com que agilidade ela imitou o marido.

O que Hemingway conseguiu nessa viagem não foi uma bebedeira (sempre o vi bebendo, porém nunca bêbado), mas dois tubarões: feios, cor de tabaco lavado, resistentes, que ficaram pendurados de uma corda pela boca, seguindo o *Pilar* a metade da tarde. Ainda estavam vivos quando demos (o *Pilar* deu) meia-volta para regressar ao porto. Antes de chegar a Cojímar com os dois tubarões pendurados como motores de popa, Hemingway penetrou no interior do iate e, do local onde devia ter existido um sanitário, saiu com uma metralhadora Thompson. Por um momento temi que fosse me metralhar: um intruso que não enjoa no mar. Mas o que ele fez foi inclinar-se para a amurada da popa e liquidar com uma rajada de metralhadora os dois *galanos* — cujos únicos crimes eram ser tubarões, os vilões de *O velho e o mar* que devoram o grande peixe-espada, e deixar-se apanhar pela isca e o anzol preparados para *the great marlin*, o *castero* que foi a glória e miséria de um pescador, "um velho que pescava... na *Gulf Stream*."

A MÚSICA QUE NÃO VEM DE PARTE ALGUMA

Nenhuma arte se ligou tão indissoluvelmente a outra como o cinema à música. O teatro surge intimamente ligado à poesia, mas ambos são artes literárias. Também é fato que a união do teatro com a música ocorreu em suas origens gregas, mas não há relação de dependência decisiva como a que existe entre cinema e música, e pode-se dizer que está no cinema o verdadeiro drama musical, que Wagner acreditou achar na ópera. Mesmo descartando a comédia musical, o cinema precisa tanto da música como da imagem em movimento. Se há filmes sem música (como aqueles que Luis Buñuel se empenhava em fazer — o diretor padecia de surdez e queria contagiar os outros com seu mal; ao contrário de Beethoven, Buñuel tentou negar a música, impedindo que os outros a ouvissem), também há filmes compostos de fotos fixas, como *La Jetée*, a pretensiosa película de Chris Marker — cuja fixidez não nega o movimento. No entanto, o cinema sonoro só se desenvolveu trinta anos após a invenção do cinema. Desde a mais remota antiguidade, as artes dependiam da percepção humana, dos sentidos, e a técnica só era necessária para transmiti-la. Algumas formas de arte aparentemente novas, como o romance, pareciam ter surgido com a invenção da imprensa. Mas já havia romances antes da impressora. O cinema, porém, sempre dependeu do cinematógrafo: esta arte nasceu da invenção. Mas no próprio cinema havia algo que pedia música, de modo que, desde os primeiros anos, os filmes eram acompanhados por um pianista, um quarteto de cordas ou mesmo uma pequena orquestra. Já em 1908 o famoso Camille Saint-Saëns compôs música para o filme *O assassinato do duque de Guise*. Esta foi a primeira associação entre um compositor sinfônico e o cinema. Após a invenção da trilha sonora haveria muitas outras, talvez demais. O primeiro filme falado, *O cantor de jazz*, era cantado, e de uma forma significativa. Nele Al Jolson, com seu costumeiro entusiasmo, atreveu-se a enfiar dois ou três cacos históricos. O objetivo imediato da fita era fazer ouvir a voz humana fazendo música. Esse filme pôs fim ao filme mudo, uma arte incompleta, pois lhe faltava o primeiro elemento da comunicação dramática, que é a voz. Ao mesmo tempo, todavia, sumiu com o piano ou a orquestra que soavam diante da tela, bem à vista, e escondeu os músicos: surgia a música produzida não na própria tela, mas atrás dela, e que aparentemente não vinha de parte alguma.

A música dos primeiros filmes sonoros era tomada de empréstimo a Tchaikovsky, Wagner, Chopin, mas os estúdios não tardaram a contratar compositores vivos, menos eminentes porém muito mais eficazes. Entre eles não haveria um Saint-Saëns (antes Honegger, William Walton e Aaron Copland, que viriam depois). Os melhores vieram a ser compositores desconhecidos, dotados de um amplo domínio da técnica musical e com um cabal entendimento do papel da melodia no cinema. Assim nasceu a música de filmes, especial e marcante. Como Hollywood era o centro do mundo cinematográfico (e também o que melhor pagava), ali não era preciso buscar muito para encontrar esses compositores. Um dos primeiros foi Max Steiner, que só podia ter vindo de Viena e já estava estabelecido em Hollywood em 1931. Entre seus créditos iniciais figuram *Cimarron* (1931) e *King Kong* (1933), e em 1934 ele ganha o seu primeiro Oscar com a música de *O delator*, essa insuportável mistura melodramática de John Ford e Dublin rebelada que mais parece Dostoievsky na Irlanda visto por Hollywood. Cinco anos depois, Steiner desfruta seu momento de grande popularidade ao compor a música para ... *E o vento levou*. Para mim, contudo, o auge do seu talento ocorre pouco adiante, na trilha de *A estranha passageira*, tão inesquecível quanto a grandiloquente fala final de Bette Davis. Steiner fez muitas outras fitas, ganhou mais dois Oscars e viveu até 1972, mas já em *O tesouro de Sierra Madre* (1947) sua melodia soava fatigada.

Outro grande compositor de Hollywood, Erich Wolfgang Korngold, também nasceu na Europa Central, na Tchecoslováquia, e foi menino-prodígio, mas (na ópera a música, quando não é um grande violão que acompanha os cantores, sufoca as vozes com uma torrente musical — os vários exemplos estão presentes em um único compositor, Verdi —, e o libreto é sempre ininteligível: mais que uma forma de arte, a ópera é um magma sonoro) já era um compositor sinfônico de renome quando se instalou em Hollywood, em 1935. Como Steiner, Korngold veio contratado pela Warner, a empresa que produziu *O cantor de jazz* a contragosto, para lançar o som — ou seja, a música — no cinema. Korngold compôs a partitura do pretensioso *Sonho de uma noite de verão* (um ato de atrevimento, sobretudo desde que existe a obra-prima de Mendelssohn) e de *Que o céu a condene* (1946), e chegou a compor um concerto para violoncelo e orquestra. No cinema, porém, seu monumento musical é a partitura de *As aventuras de Robin Hood* (1938), onde não se sabe quem é mais galante, audaz e risonho, Errol Flynn ou Korngold — dois estrangeiros em Hollywood, ambos transformados em figuras memoráveis graças ao cinema sonoro.

Miklos Rozsa é o terceiro grande compositor a desembarcar em Hollywood vindo da Europa Central, e mais tarde foi eleito pra fazer soar a música que não vem de parte alguma. Nascido em Budapeste, Rozsa teve uma excelente educação musical e foi aluno de Arnold Schoenberg em Viena — o que equivale a dizer de um pintor que foi discípulo de Picasso em Paris ou de um escritor que secretariou Joyce em Zurique. Depois de compor em Londres a música para duas das mais espetaculares produções de Alexander Korda, *As quatro penas brancas* e *O ladrão de Bagdá*, Rozsa instalou-se definitivamente em Hollywood e em seguida compôs a trilha de três fitas inesquecíveis, *Pacto de sangue* (1944), *Farrapo humano* (1945) e *Quando fala o coração* (1945). Nesta última a melodia é mais memorável que a imagem, embora esta combine o talento visual de Alfred Hitchcock com o de Salvador Dalí. Sempre inovador, Rozsa usou pela primeira vez o teremin, mistura de música eletrônica e das velhas ondas Martenot francesas, recurso que gozou da rara honra não só de ser imitado mas também de merecer essa forma de homenagem distorcida que é a paródia. Rozsa seguiu o seu filão dramático em outros filmes — *Os assassinos*, *Fatalidade*, com que ganhou outro Oscar (o primeiro lhe fora conferido por *Quando fala o coração*) —, para depois voltar a seu estilo heroico original com *Quo vadis*, *Ivanhoé*, *o vingador do rei* e sobretudo *Ben Hur*, em 1959, que lhe deu mais um Oscar.

Nessa fase, porém, jamais logrou igualar seu majestoso estilo musical de *O ladrão de Bagdá*. Com *El Cid*, no entanto, Rozsa voltou por um momento (um momento memorável) ao velho esplendor inglês e sua música contribuiu em grande medida para fazer deste filme um espetáculo grandioso, sem dúvida superior a *Ivanhoé*, *o vingador do rei* e a *Quo vadis*. Depois disso Rozsa mergulhou na obscuridade — o que, para um músico cinematográfico, quer dizer no silêncio.

O outro músico, que transforma em quarteto o trio dos grandes compositores de música cinematográfica, não veio da Europa e, embora seu nome sugira uma origem austríaca ou alemã, é originário de Nova York. Trata-se de Bernard Herrmann, autor de todo um repertório criativo, que trabalha à vontade com um conjunto de cordas *(Psicose)* e é capaz ao mesmo tempo de compor uma ópera para a tela — ou fragmentos de uma ópera, como sua *Salambô*, de que se ouvem frases avulsas em *Cidadão Kane*. Aliás, foi o próprio Orson Welles quem levou Herrmann a Hollywood, em 1940, para compor a trilha de *Cidadão Kane*. No ano seguinte Herrmann já havia ganho um Oscar pela partitura de *O homem que vendeu a alma*. A essa altura ele estava pronto para compor outras trilhas memoráveis (*Soberba*), mas o que o faz notável como compositor cinematográfico não é seu talento específico, mas sua capacidade de sobreviver a longo prazo a todos os estilos, a várias fases do cinema e a diversas gerações de cineastas.

Em 1955 Herrmann formou uma dupla com um mestre da imagem semelhante a Welles, mas que fazia outro uso da riqueza técnica, dramática e visual do cinema. Este homem-orquestra é Alfred Hitchcock. O primeiro filme que fizeram juntos foi *O homem errado*, que veio a ser um Hitchcock frustrado. Mas logo no início Herrmann oferece uma protofonia que é sua marca, como que uma marca-d'água que estaria presente enquanto perdurasse sua colaboração com Hitchcock.

Essa colaboração seguiu criativa e, nos cinco anos que se seguiram, Herrmann trabalharia exclusivamente com esse diretor meticuloso, impertinente, perfeccionista. Ao inesquecível *O terceiro tiro* (1956), segue-se *Um corpo que cai*, em que Herrmann dá rédea solta a seu romantismo derivado do bom Wagner e algumas demonstrações de sua própria arte, como o *ostinato* que é o tema do filme e uma *habanera* que eu qualifiquei de pervertida ao estrear e agora chamaria de mental e musicalmente destrambelhada. Poucas vezes a música prestou tamanho serviço à arte de um diretor de cinema quanto em *Um corpo que cai*, filme cujo desenrolar se pode seguir de olhos fechados, acompanhando a sugestão da música. A *Um corpo que cai* seguiu-se *Intriga internacional* (1959), em que as notas de Herrmann são tão brincalhonas quanto as tomadas de Hitchcock. Depois, em 1960, veio *Psicose*. Neste Herrmann usou o conjunto de cordas com uma amplitude de sinfonia e uma intimidade de música de câmara. Depois de *Um corpo que cai*, esta é a melhor partitura que Herrmann compôs para Hitchcock. Seria a penúltima. Embora os dois tenham confabulado sobre *Os pássaros* (Herrmann orquestrou o bater das asas, os piados, o barulho das aves como se fossem instrumentos, mas, claro, isto não é música), sua última colaboração foi em *Marnie, confissões de uma ladra*, de 1964, em cuja veia romântica Herrmann injetou uma transfusão de fluido sonoro neurótico que traduz fielmente a personalidade patológica da protagonista, uma cleptomaníaca. Herrmann devia ter composto a trilha para o filme seguinte de Hitchcock, *Cortina rasgada* (1966), mas ocorreu um choque de obscuros interesses, com a Universal alegando que Herrmann estava fora de moda e Hitchcock se queixando de que ele não seguira suas instruções ao pé da letra — como se Herrmann tivesse agido assim no passado, quando se limitava a traduzir em sons o sentido das imagens hitchcockianas.

É uma ironia Herrmann ser acusado de fora de moda nos anos 60, considerando que sua vida e sua carreira só terminariam (morreu subitamente em Hollywood, em 1975) quando colaborava com os diretores mais avançados da década de 1970 e atuava como iniciador musical para a visão ainda imperfeita desses jovens ávidos de novidade — cujas imagens seriam complementadas por sua música. É isso que ocorre em *Trágica obsessão* (1976), uma homenagem e uma paródia séria de Hitchcock, do Hitchcock romântico de *Um corpo que cai*. Se as imagens são novas (de uma forma que as de Hitchcock já não são, como se vê em *Frenesi* e *Trama macabra*, respectivamente de 1972 e 1976), a música sustenta o clima de suspense ou de medo e completa-se com o tema do amor, repetitivo, obsessivo. É uma das melhores demonstrações do talento de Herrmann — sua obra-prima. Mas, em matéria de música cinematográfica, extraordinária é a que soa enquanto passam as imagens de *Taxi driver* (1976). Sem aqueles acordes baixos, sombrios, apreensivos, o filme perderia a eficácia com que induz o terror invocando uma visão do inferno. Bernard Herrmann viveu em Nova York, e é sua tradução da cidade em som que nos faz penetrar no mistério da urbe que é um orbe: essa música que parece elevar-se de esgotos, surgir de becos sem saída, emergir de edifícios agourentos, que é um miasma sonoro: não vem de parte alguma, vem de toda parte, é a música oblíqua, total, a música do cinema — em que a imagem é uma forma de música e a música é a forma final da imagem.

ANÔNIMO TRIBUTO

Agora que Miklos Rozsa morreu, já se pode contar. Todos os melodiosos obituários lembraram sua fase de menino-prodígio, mas o *Oxford Dictionary of Music* sequer o menciona. Só fala de seu íntimo rival em Hollywood, Erich Wolfgang Korngold, também menino-prodígio e depois "compositor de cinema", rótulo que incomodava os dois. Sem o cinema, porém, este compositor, fiel admirador de Bela Bartók e de Zoltan Kodaly, compatriotas ilustres, seria apenas mais um compositor moderno logo relegado ao arquivo de partituras do Museu Britânico. Foi sua música de fundo, sua trilha sonora, que primeiro me fez reconhecer essa música de enfeite (como Erik Satie gostaria de chamá-la), com os estranhos acordes do teremin em *Quando fala o coração*, feliz casamento de Freud com o melodrama, que, no entanto, incomodaram muito a Hitchcock porque, reclamou Sir Alfred, "se ouviam demais, perturbavam". Claro que perturbavam: estavam ali pra isso.

Meu tributo não é meu.

Entre meditabundo e sombrio entra Jaime Soriano, o eterno *outsider* do cinema. Mas o estranho sempre fica do lado de fora, enquanto Jaime, mais conhecido em certas plagas de outrora como Chori Gelardino, passou para dentro mesmo assim. O que ocorreu na velha Cinemateca de Cuba, a verdadeira, fundada em 1950.

O quartel-general da Cinemateca era Havana, mas sua sala de projeção já estivera na vetusta e animada associação Artística Galega. Ali haviam começado as sessões públicas, com *Um cão andaluz*, diante de uma plateia apinhada de espectadores ansiosos, alguns sentados pela escada, outros espalhados na calçada. Como *Um cão andaluz* era mudo, essa visão bloqueada mostrava mais amor ao cinema que esperança de ver o filme. A nova sede da Cinemateca (que eu havia batizado carinhosamente como *Ci-*

nemanteiga), estava agora no Colégio dos Arquitetos, rua Infanta, quase em El Vedado. Uma noite, quando a sessão já ia começando, vi na calçada fronteira um indivíduo que me pareceu suspeito. Fulgencio Batista ainda não estava no poder, nem Fidel Castro havia substituído sua política, porém mesmo nesses tempos de tímida democracia havia gente suspeita em Havana. O traço marcante do suspeito é despertar suspeita pra todo lado. Avisei a Germán Puig, um dos fundadores da cinemateca, juntamente com Ricardo Vigón e Néstor Almendros. Germán, com essa alegre ousadia que ainda o caracteriza, cruzou a rua, falou com a figura e voltou com ela. "Ele quer se associar", explicou; Jaime Soriano, novo nome da figura, queria não só ver o filme mas participar da cinemateca. Na semana seguinte Jaime, que dominava línguas, já era nosso tradutor. Melhor, era o intérprete dos pequenos dizeres dos filmes que nós projetávamos, vindos primeiro da *Cinémathèque Française*, graças a Henri Langlois, mas também graças a Germán, que convenceu o enorme Henri — tratavam-se por "tu" — de que, numa remota ilha, havia cinéfilos não menos remotos querendo partilhar os tesouros do cinema. Dentro em breve as obras-primas, mudas mas eloquentes, já vinham de Nova York, desse museu que ninguém chamava de MOMA, porém não era outro.

A *Cinemanteiga* tinha que acontecer — provocou momentos de hilaridade, que estilhaçavam a mudez do filme. Um desses momentos ocorreu quando passava *A inundação*, com uma cópia que tinha nas perfurações falhas que causavam distorções. Aconteceu várias vezes, e várias vezes a projeção parou. Numa delas, com a plateia às escuras, Germán correu para o microfone do intérprete e explicou, com sua poderosa voz ampliada: "As projeções se interrompem por causa das perfurações." Um estuprador reincidente faria dessa frase uma divisa; em nossa *Cinemathèque* de pobre, nós a transformamos em um número.

Já instalado entre nós, Jaime proferiu mais uma frase memorável, ao traduzir os dizeres de um programa duplo cuja segunda parte seria *A queda da casa de Usher*. O primeiro filme acabou, mas a projeção do segundo tardava estranhamente. De repente, com as luzes acesas, o intervalo ainda no entreato, ouviu-se a voz de quem um dia seria o ator Leonardo Soriano. Dizia o jovem Jaime: "Aguardem alguns minutos, estamos preparando a queda da casa de Usher." Soriano referia-se à conhecida obra-prima. Mas eu, no meio do púbico, pensei ouvir marteladas, barulho de serra e maças desencontradas destruindo não só a casa, mas a própria obra de Poe!

Todos os que não morreram, como Ricardo Vigón, tomamos o caminho do exílio sem pensar duas vezes. Jaime, judeu descendente de sefarditas, decidiu-se por San Juan de Porto Rico, cidade batizada em honra de um dos roteiristas da vida, paixão e morte de Jesus. Não sei bem por quê. Por seu amor ao cinema, sua capacidade para dizer muito em poucas palavras e por seu talento como ator, devia ter ido para Hollywood. Mas o fato é que se instalou em San Juan, onde viveu recluso, exceto para alguns amigos. Foi como autor anônimo que prestou em vida o tributo mais secreto que Miklos Rozsa recebeu. Não como autor de sinfonias inéditas, nem de um concerto para violino que só existe em forma sonora na trama visual de *A vida íntima de Sherlock Holmes*, de Billy Wilder. O que Jaime homenageou foi uma das obras-primas de Rozsa.

Ninguém sabe o que Miklos Rozsa, já septuagenário, foi fazer em San Juan. Ninguém ficou sabendo quando ele chegou, nem quando se foi. Ninguém, exceto Jaime, claro. Rozsa chegou e, sem sacudir a poeira do tempo de suas velhas partituras europeias, hospedou-se num dos grandes hotéis do litoral de San Juan. Passou vários dias incógnito, como sempre quando viajava, e não por gosto: ninguém sabia mesmo quem era ele. Num desses dias, o segundo ou o terceiro, Jaime, que continuava tímido e falava tão baixo que sua voz era um sussurro, acercou-se da cabine da bela porto-riquenha que controlava a música ambiental, tão parecida com a música do cinema, e murmurou os seus desejos. E entregou uma fita cassete à jovem técnica, que já virava mnemotécnica. Embora achando estranho, concedeu a Jaime seus favores — ou melhor, um favor.

Jaime explicou que ia postar-se no saguão, como se postara diante da Cinemateca anos atrás. Claro que não falou assim (a comparação é minha), mas pediu que, quando ele erguesse a mão visível (a outra estava nas costas com os dedos cruzados, sinal judeu que apela ao êxito que depende de Jeová), ela tocasse a cassete que lhe entregara, de modo que a música, pois era música, soasse em todo aquele espaço. Jaime só esperava a chegada do ilustre visitante, já sem lustre mas com o lastro dos anos, velho e (reparem) sempre anônimo, como convém a um músico de cinema. Jaime descobrir em que hotel ele estava não é um mistério tão grande quanto Jaime reconhecer de longe um homem que só tinha visto numa velha foto e agora já era um ancião. Não esqueço que o homem que ia entrar no hotel também era judeu, de outra diáspora. Por fim, Miklos Rozsa entrou. Do outro lado do saguão, Jaime fez o sinal — a deixa! — e o saguão, como o ouvido, inundou-se de música! Da música que Rozsa tinha composto para *O ladrão de Bagdá*, uma de suas obras-primas, que lhe abriu não as portas do Paraíso, mas as de Hollywood. Agora Rozsa cruzava o saguão alheio a tudo (ninguém, pensava ele, o esperava) e quase não ouvia nada. De repente, porém, estacou. Tinha reconhecido os retumbantes acordes ao som dos quais Conrad Veidt, o perverso vizir, executava sua magia negra. Era sua música! Por que soava aqui, em San Juan, tão longe de Hollywood e do Deus dos crentes?

Miklos Rozsa jamais saberia. Mas nós agora sabemos. Jaime Soriano organizou o melhor tributo que podia ser oferecido ao velho compositor. Um tributo ao vivo, como os tributos verdadeiros. A Miklos Rozsa, ao cinema, que tornou possível o compositor, e a Hollywood, que tornou possível o cinema.

Cinema sonoro: o século de ouro

Há mais de meio século o cinema canta e dança e esse tempo é uma eternidade de prazer. Na verdade, o cinema sempre falou. Edison foi o inventor do fonógrafo e coinventor do cinema — o cinema horizontal, para espiar por uma fenda, que contribuiu para a futura pornografia propiciando a intimidade do solitário (o cinema foi feito para o masturbador), pois o resto seria obra dos irmãos franceses Lumière, inventores do cinema vertical, projetado, espetáculo público. Este Edison inventivo e inconstante e mercenário havia idealizado, antes de acabar o século XIX, um sistema de som que só se desenvolveu pela metade. Já na Exposição de Paris de 1900, Sarah Bernhardt declamava com voz roufenha para um público duplamente assombrado. Sarah mexia-se e falava: a diva está aqui, viva! Poucos anos depois a Bernhardt interpretava Marguerite Gautier numa curta versão de *A dama das camélias*. Naquele tempo a tuberculose matava, mas a técnica primitiva matava ainda mais e hoje ninguém lembra dessa Camille cuja tosse saía da tela.

Nem tudo era tosse e teatro. O cinema mudo dançava, como se viu com a imortal Joan Crawford em seu grande êxito mudo, *Our dancing daughters*. Foi aí que ela se firmou, não só como uma das filhas que dançavam, mas também como a rainha do *charleston* no cinema: toda ela um mimoso movimento sem música. No ano seguinte, já com o cinema sonoro, ela cantaria *blues*. Mas a primeira exibição de canto e dança no cinema aconteceu um ano antes do lamentado judeu disfarçado de Al Jolson interpretar *O cantor de jazz*. (Quando, certamente, cantou a primeira canção composta especialmente para o cinema, que anos depois enriqueceria seus compositores; agora, porém — coisas de direitos autorais —, as arcas do estúdio somente seriam recheadas com a chorosa *Mammy*, de um sentimento filial tão nobre quanto afetado.) Esse primeiro fruto involuntário foi um programa filmado e gravado para cultos secretos no escuro do cinema e unidos na reverente exaltação da música clássica. Com a Orquestra Filarmônica de Nova York, o tenor Giovanni Martinelli e o violinista Efrem Zimbalist (pai desse Efrem Zimbalist brilhantinado e sorridente, ator de cinema e agente modelo do FBI na TV), e entre eles — surpresa! — lá estava a trupe de dançarinos de *flamenco* anunciada como The Cansinos. Eram os felizes pais de uma menina, a miúda bailarina de *flamenco* Margarita Carmen Cansino, que viria a conhecer o mundo feliz como Rita Hayworth, ruiva e arrojada. Muita gente garante que a precoce Rita, Lolita da dança, estava nesse curta. Se estava, o que viram não foi o nascimento do canto e da dança no cinema, porém o desabrochar de uma das personalidades mais luminosas da comédia musical, a superestrela da Columbia Pictures, a melodramática Gilda, a dramática Dama de Xangai, a mulher de Orson Welles, a princesa de Ali Khan e um dos mitos do século XX. Esse momento musical marcou o nascimento de Vênus entre as ondas do Vitafone, precário sistema de som que soa ainda pior em *O cantor de* jazz.

Depois de *O cantor de* jazz (em que Jolson não cantava *jazz* nenhum: fazia um tosco arremedo, a voz travestida de negro igual à cara), vieram as inevitáveis imitações. Quando os empresários, produtores e chefões do cinema viram como a Warner Brothers, à beira da falência, se transformava de um dia para outro num novo El Dorado, pegaram todos a onda de ouro sonora. A Warner, inclusive, imitou-se a si mesma, e Al Jolson fez não um auto--retrato, mas uma cópia tosca de sua cara marrom em *A última canção* (em inglês, *The singing fool*, ou *O idiota cantor*): esse idiota que cantava não tinha nada de autobiográfico, pois Jolson foi um dos artistas populares mais astuciosos do cinema e do teatro. As provas disto vieram em série: *Sonny boy, Falando de canções* e *Querida canção* (*Mammy*), que, apesar do título original, é, curiosamente, o melhor filme de Jolson.

Feliz ou infelizmente, a popularidade de Al Jolson caiu de bico a partir de 1930, e tiveram a mesma sorte as recém-nascidas comédias musicais, que ainda não tinham esse nome. Um ano antes a Metro havia entrado na corrida, de última hora. Competindo abertamente, porém, seu produtor-estrela, o malogrado

Irving Thalberg, contratou um escritor de letras de canção chamado Arthur Freed, que por sua vez se transformou anos mais tarde no grande produtor de musicais (como o premiado, louvado e copiado *Sinfonia de Paris*) para a Metro, e Nacio Herb Brown, que comporia a música de uma canção fadada a fazer história vinte anos depois como melodia, como letra e como título de uma das obras-primas do cinema, musical ou não: *Cantando na chuva*. A fita com que o leão da Metro estreou com a peluda pata direita foi a famosa mas hoje esquecida *Melodia da Broadway*. Pela primeira vez o espectador veria num filme o que até recentemente era território da comédia musical do teatro: a força cômica e a vida vivida no palco. No futuro, quem sabe, haverá ocasiões em que a atividade dos bastidores constituirá a ação desenrolada no *set* de filmagem.

Em 1932, com Al Jolson, antigo líder, levando a pique a tela e a bilheteria, a comédia musical ainda articulando ritmos, pedindo socorro com passos de dança e ao mesmo tempo inundada pelo drama fotografado, parecia que seria a descida final da cortina para este grande gênero do cinema americano, que agora dividia as telas com o faroeste, a comédia de pancadaria (que evolui para a comédia de salão, a comédia maluca e até a comédia de situações, gloriosa antepassada dessa atrocidade que na televisão se chama agora *sitcom*) e o filme de gângster.

O musical era decerto o único gênero que devia sua voz canora a uma invenção há pouco adotada pelo cinema, o som que ainda se reproduzia por meio de discos sincronizados com a imagem e não com uma trilha sonora simultânea. Não é certo que haveria fitas sobre quadrilhas se o som não transformasse num canhoneio o débil ou inaudível ruído dos disparos. Mas é certo que, sem um sistema sonoro (de início o ineficiente Vitafone e o pioneiro Fonofilme, de Lee De Forest, que a Fox sabiamente rebatizou como Movietone e nós chamamos Fonofilme por razões pessoais), sem a trilha sonora, nunca haveria musicais. E o som melhorava dia a dia, enquanto, paradoxalmente, a cada noite o interesse do público ia definhando a olhos vistos.

Foi então que Darryl Zanuck, que depois seria dono da 20th Century Fox, agora produtor chefe da Warner (mais uma vez a salvadora do cinema musical), contratou um velho ator de teatro, convertido em diretor de cena e depois em produtor de comédias na Broadway, para dirigir os números dançáveis de uma fita musical em que a Warner ia apostar a fortuna feita com a música cantada, numa espécie de roleta americana que podia transformar-se em roleta russa para todo mundo. A ficha do tudo ou nada chamou-se *Rua 42*. Esse homem de teatro convertido em coreógrafo de milagres do cinema chamava-se Busby Berkeley. Ao chegar a Hollywood, Berkeley mudou de imediato ao ver o cinema por dentro: estúdio, câmera, microfone direcional. Foi Busby chegar ao set da Warner e a comédia musical mudou para sempre.

Busby Berkeley encontrou no cinema uma comédia musical que bem podia ser uma comédia teatral com música: *music hall*, teatro de revista, opereta. Por fora as exigências de Berkeley foram muitas, embora limitadas ao cenário interior, ao maquinário e aos figurantes, sobretudo as coristas, e sempre razoáveis. No plano técnico, porém, sua solicitação foi de fato singular. Na época rodava-se o musical, por rudimentar que fosse (ou por isso mesmo), com quatro câmeras. Berkeley, contrariando a aparência de seus resultados, exigiu uma câmera única. "Não é preciso mais", declarou, "eu já tenho de cabeça toda a marcação. Pra que mais de uma?" Anos mais tarde, quando já não se lembrava bem sequer das próprias realizações, Berkeley declarou que nunca houvera método na loucura de suas imagens que dançavam como pernas de mulher, que tudo era instintivo nos seus filmes. Não adiantava dizer-lhe que seu instinto dependia da tecnologia fotográfica, do elétron e da trilha sonora. Todos os seus efeitos especiais ocorreriam realmente no *set*. Além de uma inédita coreografia, Berkeley atribuiu enorme importância à mulher — ou melhor, ao corpo feminino. No plano sonoro, escolheu uma manifestação particular da música americana, o sapateado, e elevou-a ao nível de um hino sem música nem voz: só se ouvia o som dos pés do dançarino a golpear as tábuas. Esse ruído (que viria a fazer parte do arsenal sonoro de muitos dançarinos e dançarinas de toda a comédia musical — Fred Astaire, Bill Robinson, Gene Kelly, Dan Dailey, e Ruby Keeler, Ginger Rogers, Eleanor Powell, Ann Miller) ganharia volume físico não por meios acústicos, mas pelo aumento do número de executantes. Em *Mordedoras de 1935*, Busby Berkeley poria 300 dançarinas e dançarinos a sapatear durante três minutos, sem que se ouvisse nada além do constante tropel dos sapatos, um rumor ritmado, obsessivo, inebriante.

Como todo amor transbordante, porém, seu amor pelas mulheres (pelas coristas) chegaria à veneração e ao desprezo, à exaltação e ao sadismo, ao desvario. No musical só há dois ou três criadores dotados da originalidade de Busby Berkeley (Minnelli, Donen, Bob Fosse — não há muitos outros, talvez Gene Kelly) e todos exaltam a mulher como heroína e como figura secundária, como estrela e como extra, como cara e como corpo. Berkeley produziu números magistrais (como esse estranho sonho coreográfico, *Lullaby of Broadway*, que acaba no pesadelo do suicídio, assassinato ou simples acidente coreográfico e se destaca violento e perfeito contra a gangue medíocre de *Mordedoras de 1935*). Mas, deixando de lado a criação de caleidoscópios corporais, fica seu curioso fetichismo musical. Belas mulheres adornam planos brancos que dançam no mesmo ritmo, enquanto elas formam enormes violinos luminosos e algumas chegam a transformar-se em carrancas de proa de harpas gigantescas! (Esta aberração, mais sexual do que coreográfica, levou um pai pudico, que era também um poderoso crítico, a rejeitar o filme em que ela aparece, *Modas de 1934*, e, com uma frase, quase liquidar com as extravagantes, se não dementes coreografias de Berkeley: "Eu não trouxe minha filha ao mundo para servir de harpa humana!" *Finis corpus humanum harpae.*)

A Vincente Minnelli devemos ao mesmo tempo o renascimento da comédia musical tradicional e o nascimento do musical moderno. É graças a Minnelli que desfrutamos a demorada visão de duas ou três belas mulheres, um gosto impecável, uma direção de atores irretocável, um absoluto controle da câmera e uma extraordinária harmonia visual — e algumas obras-primas, como *Uma cabana no céu*, *Agora Seremos felizes*, *Sinfonia de Paris*, *O pirata* e *A roda da fortuna*. E a Gene Kelly devemos sua coreografia atlética, seu dinamismo americano e a atração gélida e tórrida de Cyd Charisse: aquela de pernas longas e perfeitas como um saboroso infinito de carne. E a Stanley Donen a apoteose da comédia musical moderna, com *Um dia em Nova York*, *Cantando na chuva* e *Cinderela em Paris*. Nesta última, Donen revelou, no quarto escuro do cinema, a cara cômica de Audrey Hepburn, fascinante, e prolongou a duração da eterna arte de Fred Astaire. Deste espantoso dançarino, que aos sessenta anos, a mesma idade do século, tornou a encontrar Cyd Charisse para dançar, ele com seus sapatos indomáveis, ela com as meias de seda que dão título ao filme. Fred Astaire é de fato um dançarino assombroso, com que nem o Grande Gene (Kelly) pode concorrer, mesmo quando o imita menos. Esse perfeito dançarino passa do caminhar à dança e à sua apoteose, que alcança até em seus números secundários. Mas na verdade Astaire nunca dançou números secundários. Já disseram, em tom de piada, que ele, dançando sóbrio, parece dançar ébrio. E, falando sério, uma suprema autoridade afirmou: "É o melhor dançarino do século." Essa voz, cujo tom não admite dúvida, é de Nureiev, e encontrou eco na de seu colega e conterrâneo Mikhail Barishnikov. Ambos podiam ter sussurrado o nome de Nijinski, mas saltaram a barra do balé e a barreira russa para gritar: Fred Astaire! Esse mesmo Fred *as peus* que estreou no cinema em 1931 contra o voto de um executivo do estúdio, que opinou depois de um teste (isto é fato): "Não canta, não atua, dança um pouquinho." Para esse artista, que sempre imprimiu ao impossível a ilusão de facilidade (burlar a lei da gravidade por exemplo, ou o tempo), tudo foi *per aspera ad Astaire*. Mas, se Fred Astaire domina a comédia musical com os pés, é às mulheres, com o corpo (quer tenha peso, quer seja imponderável), que o musical deve seu perpétuo fascínio: o eterno feminino dança *ad eternam gloria*.

Mesmo na presença de Astaire, meus olhos de cinéfilo sempre me levam de seus pés às pernas de Cyd Charisse, perigosas de tão perfeitas; às cadeiras sinuosas e às costas eróticas e ao fim da nuca — nuca de Ginger Rogers, a única loura que dança; à cadavérica frialdade que anuncia um degelo necrófilo de Lucille Bremer; às melenas cálidas e ondulantes, como que dotadas de vida própria, à alegria de pernas e lábios risonhos e ao fascínio animal de Rita Hayworth; ao pescoço de cisne, à boca expressiva e aos olhos de moda muda de Audrey Hepburn. Essa junta que governa todo olhar masculino segue hoje nas musculosas mulheres de Bob Fosse, todas fêmeas famintas de homens que dancem em *O show deve continuar*, onde o herói é o coreógrafo, não o dançarino. Essas maravilhosas moças salvam um filme fracassado em mais de um aspecto, embora não no aspecto musical: as belas que dançam atingem uma espécie de triunfo da carne coreografada sobre o espírito pretensioso e vazio: com sua felicidade carnal, a física interrompe a metafísica inferior. Todas essas mulheres são uma única mulher, que dança por último nessa Audrey Hepburn cor de *Fama*, curiosa cruza de cubana com portorriquenha em Nova York, como a salsa, ela chamada Coco, chamada Irene Cara, mas na verdade se chama Terpsícore, essa deusa da dança encarnada em cada ator da cena musical. São todas inesquecíveis, porque a musa é filha de Mnemósine, e Mnemósine, não esqueça, é a deusa da memória.

"LA COMMEDIA (MUSICALE) E FINITA!"

A comédia musical é o único gênero cinematográfico que nasceu para a felicidade — ou ao menos para nos fazer felizes. Como todos os gêneros cinematográficos, porém, o musical sempre esteve em crise. O fracasso de um filme não impede o sucesso do seguinte, e há lançamentos fracassados que se transformam em êxitos, como *Bonnie e Clyde — Uma rajada de balas*. Mas os gêneros (seja o faroeste, a comédia musical ou o filme de gângster) têm que provar diariamente que existem, e para seguir existindo devem acumular sucesso após sucesso — tomando a forma de filmes. Ao fazer *O portal do paraíso*, Michael Cimino parece ter fechado atrás de si, com uma pancada que rima com fita fracassada, as trepidantes portas do Oeste. Já Francis Coppola, com todos os seus chefões, abriu uma larga porta para o decadente gênero da violência mafiosa.

Em *O fundo do coração*, porém, o mesmo Coppola ajudou a despachar o musical da crise para a agonia. John Huston, com seu megalômano *Annie* (uma baleia em *technicolor*), o musical mais caro de todos os tempos, com uma previsão orçamentária de US$43 milhões e gastos reais de US$52 milhões por um filme que se limita a fazer tudo cada vez maior, e não mais grandioso, para esmagar com suas pretensões o que era uma comédia musical amável com encantadoras crianças (pelo menos foi assim que eu a vi no palco, em Londres) e transformá-la num filme com crianças que parece produzido por Herodes.

O musical sempre viveu pendurado no pêndulo do êxito, que oscila sobre o poço do fracasso. Vincente Minnelli (para mim o mais notável diretor de comédias musicais) estreia com um êxito, *Uma cabana no céu*, festejado pela crítica e acolhido pelo público, e, após o estrondoso êxito de *Agora seremos felizes*, dirige *Yolanda e o ladrão*, uma fita viçosa como sua protagonista, a bela Lucille Bremer, mas que fracassa de ponta a ponta. Talvez a causa desse

Cinema ou Sardinha

primeiro tropeço do jovem Minnelli tenha sido o fato de ele escolher para o papel do ladrão o ator que menos se parecia com a personagem: Fred Astaire. Aliás, a presença de Gene Kelly ao lado de Judy Garland, que estavam ambos gozando um sucesso crescente, tampouco transformou em êxito de bilheteria ou de crítica (os críticos sempre erram, aliás) uma das obras-primas do filme musical: *O pirata*. Essa deliciosa comédia à Goldoni tinha, além do mais, canções talvez *excessivamente* originais. Cole Porter, um dos grandes compositores do cinema e do teatro americano, optou por deixar de lado os seus incríveis dons de melodista para mergulhar no espírito da farsa desbragada. Se eu tivesse que escolher cinco comédias musicais a fim de levar comigo os vídeos para uma ilha deserta (naturalmente, eu teria de levar também um videocassete e uma TV, energia elétrica e água corrente, além de Miriam Gómez, e a ilha não seria mais deserta), sem dúvida alguma incluiria *O pirata* — embora não seja fanático por Judy Garland. Aliás, acho que foi obra de Judy o fracasso de *Nasce uma estrela*, que ela transformou em *Nasce uma histérica*. Mas talvez a culpa seja de George Cukor, pois ele, apesar do êxito com *My Fair Lady* (Minha bela dama), nunca dominou direito a comédia musical, que requer um espírito exuberante como o de Minnelli ou Stanley Donen.

My Fair Lady foi montada sobre a sólida estrutura de comédia do *Pigmaleão*, de Bernard Shaw, com letra de Alan Jay Lerner e música de Loewe (não confundir com o peleteiro espanhol), coreografia de Hermes Pan (lembrem-se que foi este o brilhante coreógrafo que ajudou Fred Astaire em sua luta com o sapateado e a dança, embora hoje Hermes Pan seja menos discutido que o herpes genital) e figurino de Cecil Beaton. Com todos esses ases na manga, Cukor fez um filme totalmente verbal, à semelhança da peça e da comédia musical teatrais. Por mim eu gostaria, por exemplo, de acompanhar a educação de Eliza Doolittle para a vida, para a sociedade, para a civilidade, em uma palavra — ou melhor, em muitos movimentos. Se *My Fair Lady* fosse dirigida por Minnelli, teríamos acompanhado, eu tenho certeza, a metamorfose da larva em borboleta esplêndida. Como ocorre em *Gigi*, com Leslie Caron, uma estrela do cinema que, em matéria de beleza, elegância e *savoir faire*, não chega aos pés de Audrey Hepburn. Se bem que Audrey, mesmo no apogeu, não foi capaz de evitar o retumbante fracasso de público de *Cinderela em Paris*, de Stanley Donen. Perfeito perigeu, *Cinderela em Paris*, com um Fred Astaire espigado como uma palmeira, mas cujo foco não convém exagerar, e uma Audrey versátil e vibrante, é um dos musicais mais formosos visualmente que já se fizeram, e conta com uma partitura cheia de melodias e outras peças aladas de George Gershwin. No entanto, nada nem ninguém a salvou do fracasso, que só a crítica atenuou. A aparência era angelical, mas para o público o filme, com Astaire e tudo, andava com pés de chumbo.

O mesmo já ocorrera a Minnelli, Fred Astaire e Cyd Charisse, esta a desdobrar as pernas mais sinuosas e suntuosas do cinema musical em *A roda da fortuna*, um de meus filmes favoritos — e parece que de mais ninguém. Este *Melodia da Broadway*, de 1953, estreou em Cuba com o título de *Brindis al Amor*, onde eu cobri os dois de louvores mas *Brindis* não passou de três dias em cartaz em Havana. Tal era então o meu poder de convencimento.

Quando Stanley Donen dirigiu *Cinderela em Paris*, já não era um novato. Tinha estreado como diretor em *Um dia em Nova York*, com Gene Kelly, um dos filmes realmente inovadores do cinema musical (juntamente com *Agora seremos felizes*, em que o mesmo Gene Kelly vê o primeiro passo de dança da era musical moderna), e que foi um enorme êxito de púbico. Depois do passo em falso de *Núpcias reais*, Donen recuperou-se com vantagem em *Cantando na chuva*, a comédia musical de maior sucesso de todos os tempos, que ilustra com puras imagens *pop* o tema primeiro e único do cinema musical: a busca (e encontro) da felicidade. Donen sabia como ninguém pôr em prática o velho axioma grego segundo o qual a felicidade consiste em unir o fim ao princípio — pelo poder. Mas, como diz a canção de Vinícius de Morais e Tom Jobim, a felicidade parece "a grande ilusão". No cinema, a felicidade é sonho e, por vezes, pesadelo. Em Hollywood, o sonho mau tem nome: fracasso.

É surpreendente a unanimidade dos estrangeiros em relação à comédia musical como a arte americana por excelência (pessoalmente eu me inclinaria a pensar que a arte americana por excelência é o faroeste, mas a prova em contrário é a frequência com que Hollywood tira ouro de seus musicais na grande mina da Broadway), e este gênero é alvo de louvores de figuras tão diferentes e distintas como Nikita Kruschev, que fez seu elogio diante de Benny Goodman em Moscou e depois, em visita a Hollywood, pediu para ver a filmagem de *Can-can*, só para opinar, crítico, que essas mulheres quase nuas eram produto da decadência capitalista. Se fosse ver a filmagem de *Hair*, que teria dito esse Kruschev sem cabelo na cabeça nem papas na língua? Afinal, os *hippies* eram netos de Marx. Ao visitar Nova York, André Malraux, por sua vez, indicou o musical para o panteão da arte americana. Alain Resnais declarou muitas vezes que sempre quis dirigir um musical francês. Mas, torcendo o nariz para Jacques Demy, acrescentou: "Em Hollywood". Temo que, dirigido pelo autor de *O ano passado em Marienbad*, o sonhado musical virasse uma tragédia musical intitulada *Hollywood, meu amor*. Balanchine, coreógrafo e esteta, disse uma vez que o melhor bailarino americano se chamava Fred Astaire. Seguiram-no por essa voluptuosa via do sapateado, do arrastar-se com bengala e cartola, do deslizar, o deslizar coreográfico, Nureiev e Barishnikov: "Fred Astaire", disseram em coro, "é o dançarino do século". Como Nijinski, porém melhor do que Nijinski, porque Astaire é um dançarino popular, que dança temas populares numa forma de arte popular. Contudo, nem toda esta excelência salvou Astaire de fracassar — e logo com seu público. Sucessivamente, deram em fracasso, quase em fiascos, *Ciúme, sinal de amor*, *A roda da fortuna*, *Cinderela em Paris*, *Meias de seda* e *O caminho do arco-íris* — todos juntos têm, creio, um nível de qualidade excessivo. Será que Fred Astaire, como Tony Hunter no *Melodia da Broadway*, de 1953, derruba a bilheteria? Aí eu ponho cinco interrogações, cinco, uma depois da outra, mas que não me ouçam, pois não posso crer que o artista número um de um gênero (que ele mesmo vê como eminentemente popular) possa ajudar a pôr fim a seus dias — e, o que é pior, a suas noites.

Mas não foi só Stanley Donen que fracassou duas vezes com Astaire (primeiro em *Núpcias reais*, depois em *Cinderela em Paris*, este uma obra-prima, o outro medíocre: mas a história do cinema está cheia de sucessos medíocres). Também fracassou Rouben Mamoulian, o mesmo que nos primórdios do cinema falado realizou uma de suas obras-primas, *Ama-me esta noite*. Mamoulian e Astaire encontraram-se em *Meias de seda*, que já tinha uma personagem de êxito, a Ninotchka criada por Lubitsch para fazer rir Greta Garbo (além de mim e de você) e música de Cole Porter, com esse ritmo vagamente de beguine que ele soube fazer tão seu. Rouben Mamoulian, um dos olhos mais atentos do cinema, conseguiu o que todo o cinema alemão e parte do francês sempre quiseram: compor a sinfonia da cidade. Em *Ama-me esta noite*, a despeito da execrável Jeanette McDonald (conhecida em Hollywood como "a borboleta de ferro") e contando com a elegância pesada de Maurice Chevalier, Mamoulian permitiu-se mais uma ousadia, outro luxo formal: a toada-sequência. Poucas vezes a música, a fotografia e a montagem uniram-se assim no cinema para criar um momento musical com imagem e melodia. O mesmo Mamoulian, após dez anos retirado, voltou ao cinema cheio de entusiasmo — não se sabe se pelas pernas de Astaire ou pelas de Cyd Charisse. *Meias de seda* tem um momento em que o olho da câmera (assim como o meu olho e o seu, se for caolho) demora-se no quarto de hotel de Cyd Charisse, onde ela faz um *strip-tease* às avessas: as pernas mais voluptuosas da comédia musical (gênero que, como o bonde de Carlos Drummond de Andrade, está "cheio de pernas: pernas brancas pretas amarelas": os extremos se tocam, ou fingem que se deixam tocar) calçam-se de seda, enquanto Cyd canta e encanta. Ah, *el cantar de mía Cyd*! Este esplendor de música, imagem e perna é o número *Satin and silk*, 'Cetim e seda'... e ouvir depois a tênue e perturbadora música de fundo *I've Got You Under My Skin*, em que o roçar da seda é como uma coceirinha sentimental: a coceira de todo ano! E isso, tudo isso, senhores jurados, fracassou junto ao público que devia ter amado as pernas sedosas de Cyd com um prazer fetichista. A única atenuante é que Fred Astaire também estava lá. Mas uma comédia musical de Fred Astaire (e você já deu uma olhada nesse gênero) sem Fred Astaire é como uma montagem de *Hamlet* sem o príncipe da Dinamarca. Pode-se fazer, já se fez, mas sempre fica a sensação de que falta alguma coisa, não sei quê, o essencial, sobretudo na hora do Ser ou não ser, ou quando entram em cena essa bengala e a cartola, e aparecem os sapatos de verniz e alguém cantarola *Putting on the Ritz*, e uma voz com certo timbre diz: "Senhor Astaire, corra ao *set* do saguão."

Não há nada de novo debaixo do sol, sequer debaixo de um eclipse: o fracasso é tão velho quanto o êxito, e o que é êxito em outra língua em inglês não passa de saída com mais um zero — *EXIT 0*. Depois do êxito do *Ama-me esta noite* de Rouben Mamoulian, não poderia haver mais um triunfo *Esta noite sem Mamoulian*. Contudo, usando os mesmos compositores de *Love me Tonight* — Richard Rodgers e Lorenz Hart — e reforçando um artifício usado nesse filme, ("bifes" rimados) tratou-se de contratar não Mamoulian, como seria lógico, mas Lewis Milestone. *Nada de novo no* front fora um êxito mundial e esse russo assimilado, Lev Milstein, tivera outro sucesso absoluto com *Última hora*, em que logrou gerenciar diálogos americanos como a primeira página de um tabloide, além de pôr de molho a miúda e ambiciosa anatomia de Joan Crawford com *Pecado da carne*, em que desaba sobre a futura presidente da Pepsi-Cola todo o aguaceiro do Pacífico, enquanto ela canta como se estivesse debaixo do chuveiro, e vez por outra chora e enxuga lágrimas e água e, como Melissa, doura os cabelos ao calor de uma lâmpada supostamente polinésia — excitando a luxúria mística de Walter Huston na pele do pastor da água. Se Lewis Milestone fez isto, este é nosso homem em *Nirvana* para salvar a carreira de Al Jolson, a quem, como se sabe, todos devemos isso que se chama *the talkies*: o cinema falado mas, sobretudo, cantado, cantando, encantando.

Se para nascer o cinema precisou de uma invenção, a fotografia em movimento, o cinema falado (às vezes falastrão) precisou de outra invenção para se tornar sonoro: o som, o Vitafone, a célula magnetofônica. Mas, se para os franceses foram os Lumière que inventaram o cinema, para todo o mundo o cinema sonoro foi inventado por Al Jolson — como quem diz "filho de Lumière". Não estão muito longe da verdade. Jolson veio para Hollywood diretamente de seu sucesso na Broadway, mas, não foi o primeiro selecionado para estrear na primeira comédia (ou série) musical, *O cantor de jazz*. O escolhido da Warner era George Jessel, intérprete da obra original na Broadway. Depois de contratado, porém, Jessel pediu mais dinheiro. Os Warner, interessados no sonoro mas surdos a pedidos de aumento, contrataram Jolson em seu lugar. Mas *O cantor de* jazz não é, como se crê, o primeiro filme musical. No ano anterior, a Warner havia apresentado um programa de variedades musicais em que aparecia uma trupe de dançarinos espanhóis, os Cansinos.

Talvez devamos o surgimento precoce do cinema falado à impetuosa natureza histriônica de Al Jolson. Ele fora contratado para cantar vários números, nunca para falar. Como se sabe, o primitivo cinema sonoro era gravado em discos posteriormente sincronizados à imagem na cabine de projeção. Diz um dos irmãos Warner, Jack: "É uma ironia classificar *O cantor de* jazz como filme 'falado' só por causa de um acidente." Sam, outro Warner, supervisionava a gravação das canções quando Jolson, num rompante bem seu, exclamou: *"You ain't heard nothing yet, folks! Listen to this!"* que se poderia dublar como "Tu ainda não viu nada, cara! Ouve só isso!" Com esta frase, surgiu o cinema falado — e a comédia musical. "O cinema mudo existe, mas não há comédia musical sem som." Esta declaração, do quarto Warner, José Luis, virou axioma.

Agora, cinco anos mais tarde, Jolson, precisando reativar sua carreira quase afônica, aceita o papel do vagabundo em *Venturoso vagabundo*. Aqui Rodgers e Hart intensificam seus achados de *Ama-me esta noite* com ajuda de um roteiro de S.N. Behrman, que suaviza a acidez do melodrama entre vagabundos dentro e ao redor do Central Park de Nova York — tão idealizado que parece o cenário de um romance pastoril em meio a arranha-céus. Os diálogos eram ainda mais fantasiosos, escritos em verso, quase como coplas. No filme, porém, só se canta. Lorenz Hart declarou então: "A ação dramática será inerente à música, bem como o fluxo da fotografia, o humor da ação e o drama das personagens: tudo estará na música. Escrevemos [Hart e Rodgers] letra e música especialmente para a câmera". Apesar disso, ou por isso mesmo, o filme foi um fracasso. Um magno desastre, que derrubou a carreira de Al Jolson — até que, em 1946, ele foi salvo pela mímica magistral de Larry Parks, que o dublou em *Sonhos dourados* (*The Jolson Story*). Assim foi Al Jolson: do Central Park a Larry Parks. Mas essa biografia, em que só aparecia a estranha magia de sua voz, foi o que Richard Rodgers e sobretudo Lorenz Hart queriam que fosse *Venturoso vagabundo* — uma fita popular e uma obra de arte. A obra de arte é *Sonhos dourados*, obra-prima da *pop art*.

Dinheiro do céu também é uma obra de arte, mas não é popular: poucas vezes desde *Venturoso vagabundo* se fez uma comédia musical tão repleta de ambições, todas alcançadas, e o resultado foi a pior forma de fracasso — o fiasco total. Mas, assim como em *Venturoso Vagabundo*, não foi um fracasso artístico. Ao contrário, poucos filmes, e muito poucos musicais, atingiram com mais segurança aquilo que visavam seus autores. Em *Venturoso vagabundo* raramente se canta, enquanto que em *Dinheiro do céu* as personagens se exprimem em canções da moda de meio século atrás e dizem mais cantando que no escasso diálogo dramático. O trágico protagonista, Arthur Parker, declara querer falar como falam as canções; porque "as canções sempre dizem a verdade". É uma revelação. Só nós que nos criamos entre boleros, gentil selva de melodia e letra, sabemos o que deseja Arthur Parker, esse mascate trágico como o protagonista de *A morte do caixeiro viajante*. Mas a tragédia de Willy Loman é a esquizofrenia do convívio entre a ilusão do êxito e a realidade do fracasso. A tragédia de Arthur Parker é querer *ser* uma canção. Sabemos que este é um de seus vários sonhos impossíveis — todos expressos em canções. Quando, para o fim do filme, consegue imaginar que ele próprio e sua amante são Fred Astaire e Ginger Rogers na tela, é que o cinema, com seu poder sobre a imagem, está imaginando suas canções por ele: o cinema sonha com ele — como sonha com todos nós: não existe arte mais interina, mais feita de ilusão.

O debate sobre quem dirige o filme é antigo, e agravado quando se trata de resolver quem dirige uma comédia musical. Sabemos quem dirige uma fita como sabemos quem dirige uma orquestra, embora o regente seja mais visível e, portanto, mais óbvio. Mas no cinema a partitura é a imagem na tela. Todo filme é um conjunto de imagens em busca de autor. Aí estão dois problemas no cinema: qual é a partitura e quem é o autor. No filme o problema da autoria se agrava quando se sabe que a orquestra é composta por solistas, às vezes virtuoses, e até compositores! Outras vezes a orquestra está bêbada, como aconteceu com Francis Coppola em *O fundo do coração*. Os possíveis autores de uma comédia musical são o seu dançarino (Astaire, Kelly), seu coreógrafo (Busby Berkeley, Gene Kelly), às vezes o seu diretor (Vincente Minnelli) e às vezes o seu codiretor, como Stanley Donen com Kelly. Por vezes ainda é um produtor (como Arthur Freed, da Metro Goldwyn Mayer) ou um fotógrafo (como Richard Avedon, em *Cinderela em Paris*) e, embora pareça inacreditável, o roteirista — e não só no caso de Alan Jay Lerner, que escreveu *Sinfonia de Paris*, *My Fair Lady* e *Gigi*, este, como *Sinfonia de Paris*, especialmente para o cinema. John Kobal, autor de *Gotta Sing, Gotta Dance*, afirma que o verdadeiro autor da comédia musical é o público!

Mas se *Dinheiro do céu* tem autor, é o escritor inglês Dennis Potter, que conciliou a trama tecida com canções americanas da Depressão e a escreveu inicialmente para a televisão numa série inglesa que, curiosamente, teve êxito. Tanto que foi comprada pela Metro e transformada por Herbert Ross numa das incontestes obras-primas da comédia comédia? Bem, da tragicomédia musical. O filme foi visualizado por Ken Adam, diretor de arte nos primeiros filmes de James Bond, membro da equipe de arte de *A dama de espadas* e autor do desenho de produção de *Dr. Fantástico* e *Barry Lyndon*. A fotografia é de Gordon Willis, talvez um dos cinco primeiros fotógrafos do cinema moderno, conhecido por colaborar com Coppola nos dois primeiros *Chefões* e com Woody Allen em *Noivo neurótico, noiva nervosa* e *Memórias*. Um dos produtores foi Nora Kaye, antiga bailarina, que trabalhou com seu marido, Herbert Ross.

Na verdade, o crítico fica tentando entender como o medíocre Herbert Ross, coreógrafo dessa Arca de Noé chamada *O fantástico Dr. Dolittle*, o baletômano vulgar de *Momento de decisão*, o fanático afetado, incompetente e frívolo de *Nijinski* — como, por Deus, como Herbert Ross conseguiu criar esta obra-prima tirada da *pop art*, essa comovente crônica musical, essa tragédia cinematográfica raciniana sobre um condenado pelo fracasso levado ao patíbulo só pelo crime do delírio da beleza? Uma beleza efêmera e duvidosa como toda beleza popular, mas nem por isso menos válida — e, quem sabe, mais válida como beleza por seu encanto fugidio. As chaves do sucesso são também as chaves do fracasso, e talvez tenham sido entregues lá atrás. Em todo caso, aí está a única resposta, pois o público rejeitou *Dinheiro do céu* com um vigor que chegava às raias da ferocidade, e deveria reservar-se para casos extremos. *Cine die*, como com esses que fazem filmes *pane lucrando* — ou os estetas de sempre: Bergman, Godard, Antonioni, que em nome da angústia cometem crimes contra o cinema.

Há um momento em que *Dinheiro do céu* é uma ilha de maestria. O filme reproduz fotograficamente vários quadros do pintor irrealista americano Edward Hopper, como "*Nighthawks*", em que ironicamente os falcões noturnos são um casal solitário numa lanchonete. Em *Dinheiro do céu*, Steve Martin e Bernadette Peters, ela realmente adorável, estão de fato no quadro, dentro da lanchonete. Mas o grande momento a que me refiro é aquele em que se vê de longe um restaurante de beira de estrada — *Jimmy's Diner* — e lá dentro Steve Martin, ator limitado e não muito atraente, como um François Truffaut que perdeu o encanto, e o excepcional dançarino Vernel Bagneris. Como sempre, no filme, surge uma canção do vazio cotidiano: *Pennies From Heaven* (ou *Dinheiro do céu*), o velho hit de 1932 de Arthur Tracy. Lá fora chove e, de repente, como por artes teatrais, ocorre um artifício cinematográfico e Bagneris irrompe a dançar, dentro e fora da lanchonete. Sua canção torna-se emocionante, comovente e feliz — enquanto chovem moedas do céu, de cobre e ouro. Esse momento é tão perfeito como aquele em que Gene Kelly canta e dança na chuva, mas traz além disso uma mensagem patética que o torna menos físico e mais metafísico do que *Cantando na chuva*. Por um momento, essa infelicidade da trama é nossa felicidade.

Devíamos agradecer a *Dinheiro do céu* por fracassar total e absolutamente. O filme foi visto em poucas cidades: depois de legendado, sequer se distribuiu nos Estados Unidos. Na Espanha, ignoro se chegou a passar pela dublagem, essa penosa transposição que John Donne quase cantou: ("Por quem os filmes dobram? Eles dobram por ti.") A Metro, o que resta da cauda do leão, desistiu do lançamento na península Ibérica, e numa busca que eu fiz em Londres junto à UPI (nascida CIC) consegui não a versão muda mas o negativo, para exibir por um dia no Festival de Cinema a Cores de Barcelona. "*Not interested*", rugiu o leão —, ou "obrigado, rapazes". Mas não vale a pena insistir na infelicidade de um gênero feliz. O fracasso de *Dinheiro do céu* é um triunfo, se não para o gênero, ao menos para esse filme, que se tornou a obra-prima desconhecida. Ninguém viu. Ninguém há de ver. Balzac, que não tinha como ver um filme, já sabia: *La Commédie (Musicale) est finie!*

Por quem os filmes dobram

No inverno de 1965 eu morava em Madri com Miriam Gómez e meus dois filhos, que tinham sete e onze anos. No Natal estreou *Mary Poppins*, um dos raros filmes que crianças e adultos podem ver juntos. Para me fisgar, passavam a última sessão na versão original. Era a primeira vez que isso acontecia em Madri. Corri a recrutar meus filhos e Miriam Gómez, que argumentou: "Por que tanta pressa? O filme acaba de estrear." "Tem a versão em inglês, legendada", expliquei. "Não sei se vamos ter outra chance de ver o original." Fomos todos ver Mary Poppins levitar com sua saia longa. Dois dias depois, a pedido do público, a versão original sumiu da última sessão, substituída pela dublada, como em todas as outras. E Mary Poppins, abandonando a deliciosa pronúncia inglesa de Julie Andrews, passou a levitar em espanhol e desapareceu num cipoal de falas dubladas que Walt Disney nunca ouviu. Convém lembrar que Disney dublava seus desenhos e longas-metragens em espanhol para a América hispânica. Mas no desenho animado não se perde uma voz humana original.

Foi essa invasão da dublagem em *todos* os filmes exibidos na Espanha que me consolou de perder Madri e ganhar Londres, via serviço de imigração.

Mamãe não me criou no cinema para ver filme dublado. Mas há um perito em cinema americano, um pintor amigo que mora em Madri (daqui a pouco eu dou o nome dele, o endereço e uma descrição de seus quadros) que não suportava dublagem. Como tinha de morar na Espanha e preferia morrer em Madri a ficar sem cinema, pagou, a título de antídoto, uma absurda mensalidade por um curso em Londres no *Institute for the Hard of Hearing*. Os ingleses, mais eufemísticos do que místicos, chamam os surdos de pessoas com dificuldade de audição. (O pintor apelidou a instituição de Instituto Van Gogh para a Orelha.) Lá ele aprendeu

Cinema ou Sardinha

a ler lábios em inglês e agora vai ao cinema em Madri e lê os lábios dourados de Kim Basinger, mas evita a boca ávida de Robert De Niro, também conhecido como Robert Dinheiro. "Um horror!" declara nosso Apeles, agora feliz entre filmes dublados cuja fala espanhola simplesmente ignora. Com seu método mudo, o pintor Audaz (é este o nome dele) economizou um pagamento mais caro ao psiquiatra, que lhe disse numa sessão dupla: "Sua fobia à dublagem é uma variedade espanhola do complexo de Édipo." Pincel Audaz, nascido em Havana de pais espanhóis, fala rangendo com seu sotaque asturiano — o que não o impede de fazer hilariantes caricaturas cubanas. Mas na Espanha, para ele, os filmes passam num inglês visível, embora mudo.

O que decidiu esse pintor, que ama o cinema mais que a pintura (como o gênio de Altamira, ele se interessa por tudo que se mexe), a inventar seu Método Van Gogh foi uma experiência com um filme japonês. Embora meu amigo só conheça em japonês as palavras Akira Kurosawa, e talvez Toshiro Mifune, correu a ver o filme, certo de que não estaria dublado. *Não podia* estar. E não estava. Comodamente instalado na poltrona, deleitava-se com o filme, cujo tema era medieval, com espadas e cavalos e um elenco de gueixas guturais. O argumento girava em torno de uma virgem da aldeia, estuprada por seis ou sete samurais de passagem. O resto são peripécias. A certa altura sentou-se à frente do pintor um casal adulto, ou adusto. Mal se sentaram, o marido perguntou à mulher: "Mas que é que eles estão dizendo?" A mulher respondeu, com essa ignorância que a penumbra favorece: "Não sei, José. Também não estou entendendo nada." O marido, aferrado ao sobretudo como um náufrago à tábua, insistia: "Que é que estão falando agora? Espanhol, não é." E a mulher: "É, não falam língua de cristão." Então o marido, resoluto como um capitão de navio, decidiu: "Vamos embora!" Ao levantar-se, ainda cravou o que meu amigo classificou como uma *punch line*: "Fazem isso de propósito. Passam esses filmes pra ninguém entender nada." Ou seja, *pour épater le bourgeois* espanhol! O casal saiu depressa, enquanto na tela Mifune falava no impenetrável japonês da versão original.

Este foi o testemunho de um pintor que já nasceu na era do cinema falado. Agora fala um arquiteto espanhol obcecado por Humphrey Bogart. Vestia-se como Bogart e tratava as mulheres como Bogart: com dureza e sem rodeios. Só não usava a voz de Bogart, porque Bogart não falava espanhol. Quando soube de uma retrospectiva americana de seu ídolo (era a primeira vez que exibiam o pacote, com todas as películas), comprou uma passagem, voou para Nova York e foi do aeroporto direto ao cinema New Yorker, onde se projetava a vida, paixão e morte de H.B. Nosso arquiteto sentou-se na plateia de seu teatro (isto é um modo de dizer), olhou a tela e lá viu Humphrey Bogart em meio às sombras e aos sons. E ficou perplexo com o desmentido. Essa voz fanhosa, anasalada, esse atroz ciciar, isso era lá Humphrey Bogart? Não podia! Pensou que fosse falha mecânica. Essa cópia com certeza estava com defeito; havia algum problema com o som. Traumatizado, saiu do cinema às carreiras. No dia seguinte, voltou. Quando o fantasma de Bogart tornou a aparecer falando com sotaque do Brooklyn (Bogart sempre falou assim), as pernas lhe tremeram, pensou que o edifício estava desabando. Nessa mesma tarde pegou o avião e voltou a Madri. Não tornou a tentar parecer-se com Bogart, a quem chegara a chamar de Bogey na intimidade.

Anos mais tarde, quando conheci o arquiteto já cansado de Bogart, por outros mares de loucura, ele me contou sua aventura americana. Lembrei que essa voz que ele achava atroz era não só tão genuína quanto o próprio Bogart mas também seu traço mais marcante depois dos olhos. A seus imitadores bastava usar um chapéu de feltro e uma capa de chuva usada e falar ciciando, com esse tom nasal odioso ou amoroso, para ser, ou ao menos parecer Humphrey Bogart. Contei que na Inglaterra o rádio transmitia um reclame que, sem identificar Bogart pelo nome, anunciava com sucesso, em sua voz, um restaurante meio marroquino. Bogart era e não era sua voz. Na Espanha, evidentemente, Bogart não era Bogart. Era um *ersatz*, uma falsificação, um diamante artificial.

Além do mais, não se usava a dublagem para distorcer só as vozes. Todo mundo conhece o caso de *Mogambo*, em que o impossível adultério original se transforma no perfeito incesto, graças a falas alteradas e à arte narrativa da censura franquista, de fazer inveja a Balzac. Tudo se fez com espelhos orais. Mas há um exemplo recente que pouca gente conhece. Tarde da noite, no quarto de um hotel de Madri, onde havia baixado todo o tédio do mundo, liguei a televisão, um ciclope na caverna. Por casuali-

Cinema ou Sardinha

dade, passava *A embriaguez do sucesso*. Nesse filme Tony Curtis, que mourejava servilmente para Burt Lancaster, difama pela imprensa de Nova York o noivo da irmã de Lancaster, cuja paixão incestuosa é o centro da trama. No original, Curtis brinda o relutante Romeu, um jazzista, com os sonoros epítetos de drogado, incompetente e comunista. Na versão dublada o infeliz caluniado continua queimando fumo e tocando mal, porém some a carteira do Partido! Quem teria convertido o músico vermelho? Todo mundo sabe. E quem sabe sabe que antes, na trilha sonora, o comunista estava ali.

Por falar em trilha sonora, talvez se possa descobrir o culpado. Para acomodar o espanhol polissilábico aos monossilábicos lábios do inglês é preciso recorrer a acrobacias, cabriolas e saltos mortais. Assim, o diálogo dublado jamais é fiel, e o confiante espectador espanhol tem de conformar-se com o que produzem os tradutores, que entram em desespero tentando reproduzir o inglês que não se limite a um *yes*. Por outro lado, os filmes americanos (e também ingleses) são feitos com uma técnica minuciosa, que desde os primórdios do cinema falado dá grande atenção à trilha sonora. Não só ao que se diz, mas também a tudo que se ouve. Isso inclui ruído ambiental, efeitos sonoros e música. Ao acomodar as vozes, quase sempre a dublagem (que deveria se chamar dobragem) destrói o resto da trilha sonora, e o que se ouve é uma reconstrução executada às pressas com parcos meios técnicos. Agora, com os filmes dublados para a TV, esses crimes cometidos em nome do espanhol (e, por que não dizer? também do catalão) chegam à destruição de toda a música original. Já vi faroestes com Tchaikovsky de fundo. É patético.

Não é só que a dublagem possa funcionar, como eu já disse, como uma forma obsoleta de censura; a dublagem, em si, é uma forma de censura.

É prova de ignorância, ou patranha cinematográfica, dizer que a dublagem começou em Hollywood no final dos anos 20. O que de fato começou com o cinema falado foi a dupla versão. Ou seja, certos filmes (por exemplo *Drácula*, com Bela Lugosi, falando seu inglês que veio a ser imitado embora fosse inimitável, e Carlos Villarías, falando espanhol) tinham distribuição americana, mas haviam sido rodados também para distribuição espanhola, na maioria dos casos sul-americana. Que este método de filmagem é válido e valioso fica bem claro numa obra-prima, *Lola Montès*. Max Ophuls filmou três vezes o mesmo roteiro, em três línguas diferentes. Martine Carol dublava para o alemão e o inglês, sem perda para as versões simultâneas. Ademais, o filme tinha em seu privilegiado elenco atores como Peter Ustinov, Oskar Werner e Anton Walbrook, que eram perfeitamente trilíngues! Na Espanha, não foi no governo de Primo de Rivera, nem de Franco, que os filmes começaram a ser dublados. Foi na República, em 1934. Então se inauguraram os primeiros estúdios de dublagem ao espanhol, propriedade da poderosa Metro Goldwyn Mayer. O cinema falado americano, origem e fruto da dublagem, tardou a aparecer. Entre 1930 e 1934 todos os filmes de Hollywood já contavam, como na América hispânica, com dizeres proeminentes, e onipresentes. Mas só em 1946, diante de uma inquietante superprodução, Hollywood tentou vender a dublagem em grosso por toda a América hispânica. A Metro, a Warner e Fox, e depois a Paramount, contrataram radioatores por toda parte, de Havana a Buenos Aires, e começaram a dublar filme após filme. Entre as grandes produções prejudicadas por esse mal babélico figuram *Uma aventura na Martinica*, *O retrato de Dorian Gray* e *O fio da navalha*. Tenho de dizer que, dublado por um ator mexicano, Humphrey Bogart era tão falso e enganador quanto dublado na Espanha. Toda essa dublagem para as Américas foi executada em Nova York. Mas em Hollywood não teria sido melhor. Felizmente o público, de Buenos Aires a Havana, rejeitou a dublagem e pediu a volta das legendas, além do familiar som original. Nas Américas, ninguém acreditava que Humphrey Bogart tivesse nascido falando espanhol. Desse travesti verbal eu guardo uma joia, um momento de *Uma aventura na Martinica*, em que o falso Bogart (Harry "Steve" Morgan) rechaça as propostas político-comerciais de Marcel Dalio (Gérard, ou "Frenchy") com a frase *"Besos no, francés, por favor"*. A coisa é de uma comicidade absurda, que Bogart nunca imaginaria.

Primo de Rivera não era fã de cinema, porém Francisco Franco foi o roteirista do filme autobiográfico *Raza* e aproveitou a possibilidade de substituição presente na voz dublada. Em 1941, Franco sancionou uma lei que determinava a dublagem por questões de Estado. Foi copiada da *Legge di Difesa del Idioma* (Franco não sabia italiano, mas traduziram a lei para ele), oriunda de Mussolini, que gostava mais de atrizes que de atores: o astro era ele, *Il Duce*. As duas leis (ou a lei duplicada) proibiam terminantemente versões originais de fitas estrangeiras. Essa lei nacionalista parecia proteger o cinema espanhol. Mas teve consequências diferentes. O cinema espanhol foi afetado por uma torrente de fitas americanas dubladas pouco após a Segunda Guerra Mundial, contra a qual nenhuma produção nacional tinha condições de concorrer. Claro, o beneficiário não foi a língua espanhola, mas o voraz bolso dos produtores e distribuidores.

Um escritor que não pode ser tachado de ignorante em matéria de cinema, Jorge Luís Borges (sempre foi ao cinema e no final da vida, já cego, ouvia filmes), declarou: "Quem defende a dublagem talvez raciocine que as objeções que se lhe possam opor também podem ser opostas a outro tipo qualquer de tradução. Esse argumento ignora a distorção central, ou se esquiva a ela: a arbitrária inserção de uma voz ou linguagem estranha numa obra. A voz de Audrey Hepburn, ou Greta Garbo, não é acessória ao filme: para o mundo, é um dos atributos que o definem. Vale também lembrar que o gestual do inglês não é o do espanhol." (Em vez de "gestual", Borges devia dizer "entonação".) É exatamente a Garbo e Hepburn que cita nessa nota de 1945, quando se tentou implantar a dublagem na América hispânica. Ninguém pode dizer que viu Greta Garbo, se não a ouviu. Este sotaque duro, gelado, essa voz gutural, essa recitação entre fragilizada e desdenhosa (que dá todo o sentido à famosa frase *"I want to be alone"*), ao mesmo tempo erotizante e assexuada, não podem ser imitados. E se puderem, não será em espanhol. E também é inimitável Katharine Hepburn, com sua voz de menina, anasalada mas educada, de moça rica tentando se fazer de popular e ao mesmo tempo altiva. Dublado, *La Fiera de Mi Niña [Levada da breca]* (mesmo sem falar de Cary Grant, dono da dicção mais original do cinema) é um pálido reflexo de *Bringing up Baby*, embora os dois sejam títulos do mesmo filme.

Nenhuma das verdadeiras vozes do cinema (Lee Marvin, por exemplo) pode ser bem imitada. Além do mais, os atores originais são muitos e poucos os imitadores (ou melhor, os que não são imitadores). Depois de viver algum tempo em Madri, indo ao cinema todo dia, comecei a perceber que a voz do ator que dublava Burt Lancaster era muito parecida com a do que dublava John Wayne. E James Stewart, e Gregory Peck, e Gary Cooper, e assim *ad infinitum*. Não tardei a saber que de fato eram todos dublados pelo mesmo ator! Além de Lee Marvin. Tamanha proeza dramática merecia prêmio. Era uma versão oral de Lon Chaney, o homem das mil faces. O ator das mil vozes! A dublagem tinha criado sua obra-prima.

Borges parecia estar pensando nesse artista múltiplo, um *aleph* da dublagem, ao dizer: "As possibilidades de combinar da arte não são infinitas, mas são vastas."

Tais imitações (se é isso que são) não ultrapassam as do atrevido imitador que nunca buscou um prêmio em dinheiro na escola com suas fracas paródias. O dublador diplomou-se, mas seu desempenho não ficou menos tosco: o profissional ainda não passa de uma variedade de *amateur*. Por vezes me murmuram que suprimir a dublagem seria matar os atores, que perderiam esse emprego. Não é bem assim. As dublagens poderiam coexistir com as versões originais, como acontece na França. Ademais, por que o vegetariano se preocuparia com o açougueiro?

A dublagem de filmes jamais equivale à tradução de literatura. Quando alguém lê, por exemplo, traduções dos poemas de Constantino Cavafis ou de Fernando Pessoa, jamais tem a ilusão de ler o original. Muitos espectadores, porém, chegam a crer que as vozes crispadas que vêm de trás da tela pertencem, pela magia do cinema, às imagens projetadas. O equivalente à tradução é, exatamente, a legendagem, que deixa intacta a versão original. Na maioria dos casos, não sofrendo pressão do tempo dramático e restrições no espaço verbal, as legendas são muito mais fiéis ao texto original, que é literário mas também pertence ao domínio histriônico: cada ator cria sua versão original dos diálogos do roteiro. Basta uma equação para invalidar a dublagem. É a definida entre a abertura da boca do ator (espaço) e o diálogo (palavras no tempo), que não há modo de resolver, nem suprimir. Tanto Einstein quanto Eisenstein se negaram sistematicamente a ver filmes dublados.

"Que fazer?", perguntava Lenin, repetindo Karl Marx. Como dublar a voz de grandes atores donos de vozes marcantes? Não só a de mulheres inimitáveis, como Marilyn Monroe ou Judy Garland, sempre cômicas, sempre tristes na voz que desmente o corpo, mas também de atores como Edward G. Robinson, que falava de maneira diferente conforme fosse o grotesco gângster de *Alma no lodo* ou o pobre professor de *Um retrato de mulher*, ou ainda o tranquilo sábio de *No mundo de 2020*. Ou seu atual imitador, Robert De Niro. Ou também Ronald Colman, cuja voz valia seu peso em ouro: um ator que é todo voz. Ou ainda John Gielgud, com sua fama de voz mais bela do cinema. Ou finalmente Sir Laurence Olivier, o melhor ator shakespeariano de todos os tempos, que no cinema podia ser o indeciso Hamlet, o implacável nazista Dr. Sel em *Maratona da morte* ou o repulsivo cômico de língua bífida de *Vida de artista*. Ou, exemplo ainda mais recente, o astuto assassino de *Jogo mortal*, em que, doente, Olivier carregou o filme com a voz. E que dizer do aparelho fonador de Orson Welles, cujo registro vai do murmúrio ao rugido, do trovejar à mais suave *sotto voce*? Qual o dublador capaz de imitá-lo? Essa voz retumbante não é privilégio, por todo o sempre, do corpanzil de Welles?

Que fazer com a grande Bette Davis, cuja voz foi e é uma trombeta capaz de derrubar a muralha de sua feiura? Quem não ouviu a ela não ouve uma trombeta com a pior surdina.

Em *O homem que confundiu sua mulher com um chapéu* há uma curiosa experiência médica, que agora vem a propósito, pois demonstra que um espectador não reconhece uma atriz conhecida porque seu médico "ligou a TV e *tirou o som*. Era um velho filme com Bette Davis, e o Dr. P não conseguiu identificar a atriz." O Dr. P, o paciente, sofre de uma moléstia cerebral que o impede de identificar as imagens, mas não os sons. É isso que ocorre a qualquer pessoa que vê filmes estrangeiros dublados.

Que fazer, parodiando Lenin, com os irmãos Marx? A dublagem só pode ser fiel a Harpo, o mudo.

Eu sei que minhas antologias são velhas, mas o espectador que não se lembra de fitas antigas está condenado a ver *remakes*, e numa versão que não é exatamente original.

Verão que não destaquei os atores negros americanos (como Richard Pryor ou Eddie Murphy), cuja dublagem é uma prova sonora de racismo. Este problema não o pode resolver nem Virgil Tibbs, o Sherlock Holmes negro encarnado por Sidney Poitier em

No calor da noite. Tenho certeza de que o tolo, impenetrável dialeto sulista de Rod Steiger não teve o mesmo tratamento. Ouvi dizer que andam protestando contra a dublagem. Maravilha! Não, não, explicam. Foi um mal-entendido. O que há são espectadores que protestam contra a versão original, adoram a dublada. Estão exigindo até a dublagem em catalão, em basco. (Daqui a pouco vão exigir dublagem para o inglês em Gibraltar.) Nem sempre a voz do povo é a voz de Deus. Há gente, parece, que protesta porque a televisão não só mostra versões originais mas também filmes no sistema original: Cinemascope, VistaVision, e por aí vai. Há gente que prefere ver uma reprodução de *As meninas* a ir ao Prado. É verdade que este é o século da reprodução, mas um filme na versão original é uma reprodução exata. Só a dublagem adultera. A lembrança de Bogart é a presença de Bogart. Não só em seu olhar voltado para baixo e em suas mãos que diante de uma mulher tremem como diante de um pistoleiro, mas também em sua voz penetrante.

Outro arquiteto espanhol, que levanta prédios firmemente mas treme com a imagem em movimento na tela, não sofreu *horror vacui* ao ouvir a voz de Bogart nem se sentiu abalado pela Greta Garbo autêntica ou pela Marilyn Monroe original. Não podia dizer que as conhecia, embora tivesse frequentado, esgueirando-se do que-é-que-vão-dizer, as salas escuras onde se exibia a beleza da intacta virago sueca ou as carnes da loura do século, que o tecido mal contém. Mas, perguntou-me, qual é a alternativa? Contou-me, com lágrimas nos olhos, que não conseguia ler os letreiros (leia-se as legendas), grandes nem pequenas. Expliquei (meu pseudônimo é *Ipso Fato*) que tudo é questão de hábito, como sabe o monge. Aprendi a ler legendas mal aprendi a ler, e não paro há mais de meio século. Mesmo agora, por força do hábito, quando vejo um filme em francês (ou em espanhol, como *Simão do deserto*) na televisão inglesa, não só leio as legendas mas também comento sua correção ou estupidez, tudo sem deixar de ver o filme. Não sem ironia, o arquiteto comentou: "Você é um espectador superior." É verdade, respondi. E não é menos verdade que em geral os outros espectadores são inferiores.

Numa recente cerimônia de entrega dos Oscars, apresentou-se uma montagem de dublagens: francês, italiano, alemão, japonês e, claro, espanhol. A extraordinária seleção visava satirizar a dublagem. Por algum motivo obscuro, as dublagens espanholas eram as que mais riso provocavam, depois do impenetrável japonês. Mas o que está em causa não é a dublagem espanhola, é o próprio sistema. Em francês o amor ao cinema, que se converte em desprezo, comete os piores crimes contra a *virgo intacta* da voz humana e assim combina o espanto com o estupro. Como no caso de *El Cid*, onde Charlton Heston recita diante da carne trêmula de Sofia Loren: *"Je t'aime, Ximene!"* Em inglês conheço três casos infames. Em *E La Nave Va*, título traduzido, por absurdas razões de Creso, como *And The Ship Sails On*, as vozes em inglês, para esclarecer o que já era compreensível sem legenda, liquidaram a apoteose da ópera e transformaram-na em ópera bufa. *Carry on*, Fellini. *O Leopardo (Il Gattopardo)* foi dublado para o inglês para aproveitar a presença de Burt Lancaster, aristocrata americano, no papel principal do príncipe. Todo o resto do elenco, exceto Alain Delon, era italiano. Italiano o romance que estava sendo adaptado, italianos o ambiente e o vinho, italianas as mortadelas que os coadjuvantes comiam com italiano prazer. O fato de todos falarem inglês era incongruente, criminoso: com cada frase anglo-saxã se matava um siciliano. No fim, *O Leopardo* parecia uma *vendetta* contra a Sicília cínica que Luchino Visconti, italiano do norte, recriou tão bem. Vendo esse filme eu me lembrei de outro de Visconti, *Sedução da carne*, visto na Espanha, com todos os italianos, austríacos, todos os *carabinieri* mastigando o idioma de Castela como se fossem nativos. Tamanha façanha linguística deixaria Berlitz com a língua de fora.

Em Hollywood já se usou a dublagem ao contrário: um cantor invisível canta na sombra e no claro um ator finge cantar. O modelo mais notável (e de maior sucesso) foi o de Larry Parks dublando Al Jolson em *Sonhos dourados*. Outra dublagem famosa foi a da cantora Marni Nixon, que emprestou a voz a Audrey Hepburn em *My Fair Lady*. Numa inversão inacreditável, Lauren Bacall cantou em *Uma aventura na Martinica* com a voz do jovem Andy Williams! E até a erotizante Rita Hayworth de *Gilda* imitava quando era mais mimada. Enquanto Angie Dickinson, tão sólida, dublou uma atriz espanhola em sua estreia em Hollywood. Era a primeira vez que mulheres tão esplêndidas combinavam entre si uma voz suave, descarnada, com uma carne sem voz. A dublagem vem a ser pecado mortal.

É verdade que na Itália também se dubla. Não que os filmes estrangeiros sejam dublados — de certo modo são, e muito, mas é que as próprias fitas são submetidas a um processo denominado *doppiaggio*. É outra coisa. Os próprios atores se dublam, com uma técnica que não destrói a trilha sonora e é anterior à musicalização e contemporânea do som, e portanto o próprio filme não é dublado. Que Federico Fellini recorra à velha prática neorealista de empregar como atores gente que não é e depois usar profissionais para dublar os amadores não passa de uma idiossincrasia felliniana. Tudo está, claro, a anos-luz de Humphrey Bogart na sombra com uma voz que nega o além que pertencia a Juan Pérez. E que se passa quando morre a voz? Há pouco morreu um conhecido ator de dublagem, especialista em um conhecido ator de cinema vivo, quer dizer, capaz de continuar atuando. O pânico tomou conta da sala de dublagem até aparecer outro, capaz de imitar não o ator original, mas o dublador!

Resta-me uma pergunta, formulada ao espectador espanhol mas que logo será dublada. Por quem os filmes dobram? Eles dobram por ti.

Epílogo

Dois nomes do cinema, ambos autores, Marcel Pagnol e Preston Sturges, discutiram a dublagem. Eis o diálogo.

STURGES: Você acha que meu público consegue ler legendas?
PAGNOL: Por que não? Será tão diferente? Nos filmes mudos as pessoas liam os dizeres com prazer. Se com legendas o público de um país pode aproveitar o melhor de outro sem a estupidez da dublagem e ouvir um jovem da Provença falando com a mãe na gíria do Brooklyn ou num francês peculiar, acho que o público deve estar disposto a aprender a ler!

O FILME B MORREU.
VIVA O FILME B!

Ela surgiu como uma Vênus, para ser adorada entre rolos de celuloide nos primórdios de Hollywood, antes que Hollywood se chamasse Hollywood. Mary Pickford, a Namorada da América, foi heroína de filme B antes de ser conhecida no seu próprio bairro. (Esse nome, ou melhor, essa classificação parece tomada de empréstimo a garrafinhas de leite: leite tipo A, tipo B — os filmes A são, claro, as grandes e pequenas produções pasteurizadas dignas desse nome. Os B são meros filmes ou, como dizem por aí, filmecos.) Magníficas reputações cinematográficas despontaram em insignificantes filmes B: a de Cecil B. (sem trocadilho) De Mille, por exemplo, a de John Ford e até a do grande Griffith. Estúdios que se tornariam poderosos, como a Columbia Pictures, começaram produzindo filmes B. Outros, como a Universal, recorreram à produção de filmes B para escapar à voragem do mercado fílmico, ou para renascer. Outros estúdios, que pareciam surgir já poderosos, terminaram os dias de glória entre as agruras do filme B, como a Metro, que foi de *O fim do carrasco*, de 1970, quando parecia agonizar, até *O telefone*, de 1978, em que a fama de um ou dois astros e a categoria do diretor não neutralizam a perversa marca do filme B. Apesar de tudo, porém, são filmes Metro Goldwyn Mayer!

Nos anos 30, quando todos os gêneros cinematográficos se definiram e afirmaram e até a comédia, que parecia insuperável em sua excelência muda, ganhou uma nova cor, e a comédia musical consolidou-se coreográfica, e o filme de gângster e o faroeste ganharam seu estilo mortífero com o pipocar dos rifles e pistolas, foi o filme B que completou a sessão dupla. Por alguma razão misteriosa, porém (em Hollywood os motivos, embora baseados num pragmatismo oportunista, acabam com frequência inescrutáveis), o filme B atingiu o seu grande momento nas décadas de 1940 e 1950, quando se impôs como um complemento não menos sugestivo e atraente que o filme principal. (Talvez algum cinéfilo costarriquenho — isso existe — reclame que nos anos 30 a produção de filmes B foi caudalosa. A isto se poderia responder que nessa gloriosa época até o mais modesto filme B brilhava como uma portentosa produção.) Foi na de 40 que reinou, com os súditos cativos de sua esbeltez, Carole Landis, cuja misteriosa imagem cinematográfica era quase um *trailer* do seu suicídio na vida real. Nessa década lançam-se comédias magistrais, jocosas desde o título, como *A combinação de Mabel* e *A liga de Gertie*, e a RKO Radio, revivendo seu passado, arrebata a coroa do horror da Universal com obras-primas que são filmes B — *Sangue de pantera, A morta-viva* e *O homem leopardo* não apenas são perfeitas mas também alimentam a mitologia do homem que tem pesadelos no cinema.

Se Jacques Tourneur é o grande diretor de filmes B nos anos 40, é nos anos 50 que se tiram da cartola os nomes de Jack Arnold, Phil Karlson, Irving Lerner, Irvin Kershner e Richard Fleischer, dentre o montão de diretores da categoria (alguns de seus filmes verdadeiras obras-primas não só do filme B quanto do cinema em geral, como *O incrível homem que encolheu*, em que Jack Arnold cumpre a promessa de sua estreia em *Veio do espaço*, confirmada em *O monstro da lagoa negra*), além de dois diretores que se tornariam mestres do cinema: Don Siegel e, sobretudo, Stanley Kubrick. Nessa década admirável Siegel dirige *Rebelião no presídio* e *O assassino público nº 1*, mas sua obra-prima — jamais se fará filme tão perfeito — é *Vampiros de almas*, a melhor película de horror e uma traiçoeira alegoria. Nesse império, que foi a grande década do filme B, reina Marie Windsor, que, em *Rumo ao inferno*, de Richard Fleischer, e sobretudo em *O grande golpe*, de Stanley Kubrick, se mostra ambiciosa e mortífera, traiçoeira e fatal como uma deusa Kali do cinema.

Os anos 60 são ótimos para a música mas péssimos para o cinema, ao menos para a produção de filmes B. Os mestres da década anterior são atacados de gigantismo, como Kubrick com *Spartacus*, já no início da década e, embora ele produza três obras-primas (*Lolita, Dr. Fantástico* e *2001 — Uma odisseia no espaço*), embarca em pretensões mais ambiciosas e faz declarações tonitruantes. O mesmo ocorre a Richard Fleischer, Irvin Kershner e Irving Lerner, bem como a Don Siegel, que, imbuído de sua própria importância, entrega-se ao culto da personalidade das estrelas: Richard Widmark, Shirley McLaine e Clint Eastwood substituem as caras então conhecidas e hoje desconhecidas: Neville Brand e Kevin McCarthy, e em *Os assassinos* até a sua relação com Lee Marvin vira uma coisa furtiva com uma estrela prestes a ser descoberta.

Here come the Seventies! Os anos 70 chegam a Hollywood acolhendo filhos de excepcional talento, que voltam da Inglaterra, Itália, Espanha e testemunhando o renascer da grande produção, agora na versão incrivelmente inflada da superprodução. A partir de *O poderoso chefão*, de uma riqueza digna de Creso (ganhou tantos milhões que seu diretor, detendo o que nos Estados Unidos se chama "uma fatia das ações", ou seja, cotas do empreendimento, já não sabe em que investir e investe em outros filmes, revistas e vários projetos obscuros), andam todos atrás do toque de Midas, e frequentemente encontram: até uma fita modesta, *Loucuras de verão*, virou uma mina de ouro. Depois de *O poderoso chefão* veio *Tubarão*, com que o diretor Steven Spielberg, que começara fazendo filmes B (os filmes B tinham encontrado, como Humphrey Bogart, *Seu último refúgio* em terra hostil: a TV), consegue quebrar o recorde de *O poderoso chefão*. O resto é história contemporânea do cinema: a sequência de sequências e a inversão pela inversão: *O poderoso chefão 2, Tubarão 2* etc. Enquanto isso o diretor nada pretensioso de *Loucuras de verão*, George Lucas, detona a supernova da bilheteria: *Guerra nas estrelas*. Assim, fica difícil fazer ou sequer imaginar em Hollywood um filme que custe menos de US$10 milhões. Parece que a norma agora é: quanto maior o investimento, maiores os dividendos. É ainda nesse clima, em que mal se pode lembrar o filme B, muito menos pensar nele, que lá mesmo em Hollywood, no auge do dilúvio que vinha dos anos 70, era dos megatérios do cinema — *voilà!*, o filme B ressuscita. De novo o cinema menor, de volta à pequena fita. O recém-nascido é um pequeno monstro e uma obra-prima.

Há muito tempo um filme não me entusiasmava tanto quanto *Assault on Precinct* 13, título que lembra *Riot in Cell Block 11* (*Rebelião no presídio*) e não devia ter sido traduzido como *Assalto* à *13ª DP,* mas como *Atentado à superprodução.* A mim, a quem *Guerra nas estrelas* deixou gelado no espaço e *Contatos imediatos do terceiro grau* em parte frio no tempo (reconheço que este filme cresce na memória, mas creio que lhe sobrou dinheiro e faltou criatividade), o *Assalto* me tocou com o sentido de uma ameaça que está longe do suspense de Hitchcock mas causa uma opressão que chega às raias da angústia. Como em quase todos os grandes filmes, o argumento é simples. Um homem que, pelos caprichos do destino ou da história, deparou-se com uma quadrilha de assassinos terroristas (mataram sua filha, e ele se vinga matando um dos cabeças) refugia-se num prédio que aparentemente é uma delegacia de polícia. "Aparentemente" porque a delegacia está sendo desmontada e transferida para outro bairro de Los Angeles (aqui, não a cidade de Hollywood, mas a sede da traição), onde só há dois funcionários, um policial e um tenente negro encarregado de supervisionar as últimas tarefas da mudança. Por infelicidade, acabaram de chegar vários suspeitos, perigosos delinquentes que são trancafiados no xadrez. É ao cair da noite que o perseguido, com a própria vontade fraquejando, vem refugiar-se na delegacia, e ao clima de calma quase burocrática segue-se uma noite de terror, que pesa sobre o edifício como uma aura viciosa. Os terroristas usam armas sofisticadas: rifles de grande calibre, balas de alta velocidade e silenciadores. Este recurso técnico vem a ser uma novidade dramática: os sitiados caem um a um fulminados por disparos abafados. O que também serve à trama: como ninguém ouve os tiros, ninguém percebe o assalto.

O filme foi escrito, produzido e dirigido por John Carpenter, jovem diretor americano que, antes da estreia de *Guerra nas estrelas,* tinha produzido *Dark Star,* com apenas US$60 mil. Carpenter também compôs a excelente música de *O assalto* e, coisa mais importante, resgatou os eternos valores do filme B. Sua história é contada com grande economia (para economizar imagens, Carpenter chegou ao extremo de planejar e desenhar cada plano bem antes da filmagem: um olho na imagem, outro no orçamento; *O assalto* custou US$200 mil, que é o custo do roteiro de qualquer filme nos tempos que correm) e presta um tributo a seus antecessores; é uma sutil paródia dos filmes de gângster dos anos 30, com seu suspeito rude mas no fundo bom, que tanto lembra George

Raft nos bons tempos. Narrado do ponto de vista dos sitiados, *O assalto* assume a forma de um faroeste clássico, com terroristas de todas as raças e classes sociais unidos como índios urbanos em sua sanha cruel, cultivando um incansável ódio, e sitiadores que mal se veem mas sempre estão presentes, ameaça invisível porém clara. O final é o desfecho heroico com o épico clichê, a salvação à última hora e a providencial tropa da polícia apresentada como uma versão brincalhona da cavalaria americana tão cara a John Ford. *Assalto à 13ª DP* com certeza poderia chamar-se *O resgate do filme B*.

Fotos do cinema

Veja que eu não disse "Fotos no cinema", nem "Fotografia e cinema". Não é sobre a relação entre fotografia e cinema que estou falando. Sequer sobre a importância da fotografia para o filme — que, aliás, não seria má ideia destacar. Todo mundo sabe que o cinematógrafo nasceu da fotografia, que a cada segundo de cinema correspondem vinte e quatro fotos projetadas, outras tantas fixas que criam a ilusão do movimento, aproveitando o fato de que o olho humano, devido a uma imperfeição fisiológica que tem nome poético — persistência da visão —, é incapaz de assimilar muitas imagens simultâneas ou quase simultâneas. Mas se a fotografia permitiu a invenção do cinematógrafo, como dizem os teóricos franceses, é preciso distinguir o cinematógrafo do cinema, o aparelho que cria a ilusão da ilusão criada, como o sonho da memória. Assim, há uma diferença fundamental entre a imagem cinematográfica e a foto. Ela não decorre, por exemplo, do fato de o filme contar uma história. Há fotos reveladoras, que contam contos e até vidas inteiras: uma foto pode valer uma biografia. A diferença não está tampouco no suposto fato de a foto refletir a vida e o filme a ficção. Existem fotos fantásticas e filmes de um realismo atroz. A diferença está, isto sim, em que o filme é todo movimento, enquanto o estado essencial da foto é a fixidez. As fotos animadas traem de imediato um caráter grotesco, contrário à nobreza de que a fotografia pode revestir-se — ou mostram certas características que não são evidentes na outra arte, o cinema, embora esta haja surgido da animação de fotos.

As fotos em questão vieram a surgir do cinema por exigência da máquina publicitária a serviço da matéria dos sonhos do próprio cinema, de suas estrelas. Mas essas fotos são essencialmente distintas do cinema. Quando o cinema tomou consciência do feitiço de seus atores (que não eram atores como o teatro os entendia, por exemplo), da força de suas imagens, e espertamente, com uma sabedoria quase inata, veio a chamá-los estrelas, sentiu que era preciso reproduzi-lo também por outros meios que não o próprio cinema, seu veículo: pelos órgãos de divulgação — ou seja, a imprensa diária e semanal, claro que ilustrada. Assim nasceram as fotos fixas. Esse nome, que sugere o que em inglês se conhece como *stills*, não tem nada a ver com os *stills* comuns. Não se trata de fotogramas de uma produção ou uma filmagem, mas de avisos de aparições futuras ou lembretes de aparições recentes. Basicamente, eram anúncios de estrelas nascentes, atores consagrados, estrelinhas em ascensão da turba de figurantes para a distinção de um lugar ao sol. Estas primeiras fotos fixas — as que não se perderam — tinham por motivo a fotogênica feiura de Lilian Gish já ultravetusta ou, tinha que ser, o latino perfil de Rodolfo Valentino. Naquele tempo o nome dos fotógrafos das estrelas não tinha grande importância, mas hoje podemos lembrá-los como pioneiros de uma arte. Um dos primeiros fotógrafos notáveis foi James Abbe, que retratou Rodolfo Valentino em poses muito mais memoráveis que seus filmes. Outro fotógrafo da época foi George Hesser, que cobriu quase toda a década de 20 com suas imagens, que inspiraram sonhos de outras imagens de sonho, o cinema.

Mas foi nos anos 30 que alcançou seu apogeu a foto fixa de estrelas (o que um historiador canadense do cinema, John Kobal, apelidou de *glamour portraits* — e é isso que são, retratos do glamour). Aí, bem na frente, se mantêm três nomes notáveis: George Hurrell, Ernest Bachrach e Clarence Sinclair Bull. Bachrach é um artista elegante, enquanto Clarence Bull imprime por vezes uma nota de veracidade, mas é George Hurrell quem se mostra à altura dos mestres da fotografia do século, rivalizando não só com os mestres da fotografia em movimento, os grandes diretores de fotografia do cinema, que às vezes se deixam chamar modestamente *lighting cameramen*, iluminadores, mas também com os nomes consagrados pela imprensa. Edward Steichen é talvez o maior retratista fotográfico do século. Nenhum dos outros dedicados às celebridades ou mestres da publicidade pessoal rivalizam com a maestria de Steichen. Ele fez uma foto de Greta Garbo — e a escolha de Garbo já revela habilidade, pois Steichen acolhe em uma foto uma sumidade do cinema. Lá está a estrela, o grande rosto na tela, a grande atriz, além do mais carregada de severidade e mistério, de insinuações pessoais. Steichen não podia falhar, e não falha: a foto é uma obra-prima. Mas George Hurrell escolhe outra estrela da tela que não tem a dimensão de Garbo (em *Grande Hotel* ela faz uma datilógrafa, enquanto Greta Garbo é a Garbo, com sua aura de grande *ballerina* que a tragédia ronda como um miasma palpável). Escolhe Joan Crawford.

E agora há que falar de Joan Crawford. Ela não foi minha atriz favorita até *O que terá acontecido a Baby Jane?* e, a essa altura, era tarde demais para eu homenageá-la. Se eu me lembrava de um filme seu anterior, *Acordes do coração*, era por identificá-lo com John Garfield, que me saiu um notório violinista rebelde. A reconciliação em *Grande Hotel* foi precedida por *Baby Jane* e obrigou-me a reconhecer que, se não chegou a superar Bette Davis neste filme, em *Grande Hotel* quase rouba o *show* de sua nobre concorrente, Greta Garbo. Joan Crawford, não a pessoa — que não interessa ao cinema —, porém sua presença física na fotografia é difícil, pequena demais para seus ombros e cabeça. (Veja por favor que falo no presente embora ela tenha morrido, não faz muito; não se trata de sessão espírita, é que as estrelas do cinema não morrem: vivem tanto quanto a matéria de que são feitos os filmes, que são os sonhos, e até o celuloide é incrivelmente durável, embora perecível.) Mas Crawford nos faz esquecer todos os defeitos com sua presença no cinema — não a presença cênica: ela ultrapassa de longe o cênico, a tela que parece estar sempre no horizonte. Mesmo no cinema, porém, é possível lembrar aquilo que lhe falta, e por vezes sobra. George Hurrell retratou Joan Crawford no apogeu, com resultados miraculosos. Há toda uma sequência fotográfica dela com Clark Gable em *Possuída* (que título crawfordiano!) —, os dois unidos, juntos, abraçados — e Clark Gable desaparece, com sua superioridade eclipsada pela presença dessa *mantis atea* do cinema. Em 1931 foi feita outra foto de Joan Crawford capaz de competir com a de Steichen (há mais uma de Garbo, esta por Sinclair Bull, em que nada se vê além de uma mão, o rosto descoberto e o cabelo puxado para trás, e que é mais

Garbo, mais bela e mais imagem que o retrato de Steichen: todo mundo viu mas ninguém se lembra de Sinclair Bull, mero fotógrafo e grande artista). Joan Crawford está sentada, embora não se veja a cadeira. E rodeada de peles: a pele de um grande abrigo, ou várias peles que a envolvem. Leva um chapéu curto inclinado, que descobre parte da testa ampla, e no centro está seu rosto, um triângulo que é quase um oval perfeito. Os lábios estão pintados no estilo que em breve seria conhecido como a boca *crawford*, e vai ter tantas imitadoras e tantos detratores. A foto é um retrato.

Mas a foto realmente magistral de George Hurrell é a que ele fez de Jean Harlow no ano seguinte. Ela ainda não era famosa, sequer conhecida como a loura platinada, e no entanto nessa foto tem cabelo platinado, sobrancelhas desenhadas a lápis num arco fino e lábios provocantes: sua marca registrada. A foto foi feita em preto e branco (como todas sobre que eu falei, claro), mas vê-se o bronzeado da pele de Harlow, o iodo contrastando com o oxigênio, um desentendimento químico. Só se vê Jean Harlow da metade do peito para cima, ausentes seus notórios mamilos duros, embora apareçam as suas gordas axilas raspadas. Está deitada numas almofadas leves, ou num sofá simples, de modo que toda a atenção converge para o rosto e para a basta cabeleira loura platinada. A foto trai a influência da moda do seu tempo e sua arte, a Art Déco, mas só por reflexo: todo o retrato é pura *Art Déco*, só poderia ser feito em seu tempo e, tendo por objeto — por objetivo, diria George Hurrell — Jean Harlow, a loura platinada, seria impossível fazê-lo exceto em Hollywood, Califórnia, EUA, no início dos anos 30. Este símbolo — a foto inspiraria reverência pouco depois de feita e idolatria poucos anos depois de impressa, quando morreu a estrela — é uma prova da arte temporal mas imortal de George Hurrell e dos outros fotógrafos, como os que inventaram nessa época uma forma de arte imóvel saída da arte do movimento, que fizeram surgir do cinema a arte agora justificadamente valorizada do retrato do *glamour*.

Estrelas, atrizes e pecadoras

Alfred Hitchcock cunhou uma frase digna de John Ford (aquele que se apresentava dizendo "Meu nome é Jack Ford, eu faço faroestes"): "Atores são gado." Veja, faça o favor, que ele não disse "Atrizes são gado". No entanto, considerava a memorável Kim Novak uma vaca, certamente porque ela, mais do que uma escultura, é um busto. Alma Reville foi ainda mais impiedosa. Ao saber do projeto de *Um corpo que cai*, comentou: "Hitch, esta sua atriz tem umas pernas que são uns monumentos. Se você filmar da saia para baixo, estamos de relações cortadas!" Alma Reville era Mrs. Hitchcock e Hitch, melhor marido do que diretor, ouviu a advertência e tomou suas precauções. Em *Um corpo que cai*, Kim Novak não mostra em momento algum as pernas, que não são as de Cyd Charisse mas também não servem só para andar. Convém lembrar que por trás de cada câmera, além do diretor do filme, está a mulher dele. Fotógrafo é coisa boa, produtor é coisa ruim, esposa é coisa decisiva.

Mas o crítico de cinema pode acabar implacável até quando só quer ser aplacável. Numa crônica sobre um filme chamado *Crepúsculo de uma paixão*, eu me referi a Kim Novak, que então ainda não era mulher de veterinário, como a "querida vaca neurótica". Felizmente eu também disse, na última linha, que "sua aparição sempre se opõe a toda impassibilidade." Ou seja, essa loura pomposa de olhos violeta é uma de minhas aparições favoritas. ("Aparição" é o termo com que os espíritas se referem aos fantasmas. E é assim que eu me refiro aos meus.) Kim Novak transformou filmes baratos, como *Melodia imortal* e *Lágrimas de triunfo*, nesse museu que tem no centro o quadro de uma mulher tão linda e misteriosa que a pessoa é compelida a voltar sempre à mesma sala do mesmo museu, àquela mesma musa nascida Marilyn que percorreu os Estados Unidos anunciando geladeira. Então ela foi conhecida como Miss Congelador. Não sei de origem melhor, desde que Stella Stevens, outra loura louríssima, nasceu em Hot Coffee, Mississipi. Para Stella, as chaves da fama foram nascer em Café Quente e ilustrar a página central dupla de *Playboy*. Isto e ser a mais linda percussão da história do *jazz*, em *Papai precisa casar*, de Vincente Minnelli, um diretor que também tinha problemas com as louras, mas conseguiu transformar Lana Turner na favorita de todos, menos de Néstor Almendros, que também teve problemas com ela, embora não atrás da câmera.

Uma noite Néstor chegou tarde a Nova York e chamou seu amigo Manuel Puig, que ainda não tinha escrito *O beijo da mulher aranha*, morava em Greenwich Village e era, sempre foi, apaixonado pelas estrelas (femininas) do cinema. Manuel insistiu para que Néstor deixasse o Sheraton Plaza, onde estava confortavelmente instalado, para vir a seu apartamento, tão pequeno que Puig adaptou um teclado vertical à sua máquina de escrever. Puig constrangia com sua compulsiva insistência: "Venha, vamos falar de cinema a noite inteira!" Néstor foi. Ou seja, veio e entraram pela madrugada falando de cinema. Tenho de lembrar que Néstor descobriu *A traição de Rita Hayworth* quando o livro ainda era um manuscrito e Puig um Manuel desconhecido nos meios literários. Foi esse Manuel que perguntou subitamente: "Você gosta de Lana Turner?" E Néstor: "Não gosto nada." "Sério?" "Seríssimo." "Não acredito!" "Pode acreditar. Acho Lana Turner horrível." Manuel, que a essa altura já estava de pé, esbravejou para o céu claro e estrelado: "Não posso ficar debaixo do mesmo teto com uma pessoa que detesta a divina Lana!" Néstor pode ter pensado que Manuel estava brincando, mas nós sabemos que em matéria de cinema ele nunca brinca. Manuel gritava: "Saia da minha casa, agora!" A ordem não admitia contestação e Néstor saiu do jeito que deu. Como Katharine Hepburn e Cary Grant em *Núpcias de escândalo*, Manuel arremessou-lhe seus pertences — só não eram tacos de golfe. A essa hora (três da madrugada, de algum lugar vinha a mesma valsa), Néstor teve de buscar um táxi para voltar ao hotel, onde, felizmente, o porteiro da noite (ou da madrugada) o reconheceu e ele pôde terminar, sonhando com Lana, a noite interrompida por um pesadelo.

Manuel era de fato veemente em matéria de cinema — o que é ser veemente em matéria de quase tudo. Brigou com o finado crítico uruguaio Emir Monegal, porque este lhe confessou que detestava Susan Hayward. Quanto a mim, eu me esforcei a vida inteira para concordar com Manuel, até quando ele elogiava Melina Mercouri. Uma vez, porém, eu o vi tropeçar. Estávamos no festival de cinema de San Sebastián caminhando para o teatro Reina Cristina. Conosco ia John Kobal, historiador do cinema e dono da maior coleção de fotos cinematográficas do mundo. Kobal era, como o próprio Manuel, fanático por Rita Hayworth, cuja biografia escreveu. A certa altura, Manuel sugeriu: "Vocês não acham que é tempo de passar em revista a carreira de Barbara Stanwyck?" Foi John Kobal, dono de um metro e noventa de altura e de uma voz estentórea, que fez justiça poética a Néstor e Emir. "Como é que lhe ocorre proferir, como é que lhe ocorre sequer pensar em semelhante asneira?" Manuel tinha encontrado sua Nêmesis: diante do enorme John Kobal, não ousou nem continuar falando e caiu num silêncio mais atroz que o do cinema mudo.

Acontece que Barbara Stanwyck não é só uma grande atriz, é também uma estrela. "Estrela" é uma palavra que o cinema inventou e agora se usa até em política, terreno aonde os anjos não se aventuram mas que os incompetentes percorrem aos tropeções, conhecidos como acidentes de percurso. A famosa frase "há mais estrelas que no firmamento", geralmente atribuída ao chefão da Metro, Louis B. Mayer, é na verdade de um publicitário do estúdio. E a categoria de estrela é invenção de outro, este do cinema mudo, embora só se tenha popularizado nos anos 30, apogeu do cinema falado. Eu prefiro falar de estrelas a falar de atrizes. O teatro, que de algum modo é um antecessor do cinema, só admitiu as mulheres há pouco tempo e muitas vezes, como no teatro elisabetano, eram os homens que faziam os papéis femininos.

Há que comemorar o fato de que esse costume foi descartado por contrariar a realidade: afinal, a melhor mulher é uma mulher. No palco, e depois no cinema. Embora haja no cinema (eu nunca vou ao teatro) mulheres que parecem encarnadas por um homem. É o caso de Greta Garbo. Basta ver *A dama das camélias* para perceber que Robert Taylor, ator nada efeminado, acaba feminino em comparação com os largos ombros suecos dela, com sua voz grave e sua estatura. Seu melhor momento no cinema foi em *Ninotchka*, onde faz uma comissária russa.

Outro ídolo (mais que uma estrela) que nunca me agradou é Marlene Dietrich. Invenção exclusiva de Joseph von Sternberg, decerto um dos grandes mestres do cinema, Marlene Dietrich, mesmo na fase mais interessante de sua carreira, foi pouco mais do que uma marionete loura. Não só na maquilagem, na voz e no comportamento, mas também na fotografia, cuja luz a envolvia como um halo irreal mas nunca angelical. Depois que von Sternberg deixou Marlene Dietrich (a publicidade nos convenceu do contrário: nenhum homem deixaria Marlene), essa atriz, ou melhor, essa personalidade afundou numa decadência histriônica de que nunca sofrera enquanto personagem. Nem Ernst Lubitsch, um dos diretores verdadeiramente grandes do cinema, conseguiu fazer de seu *Anjo azul* mais do que uma pecadora razoavelmente convincente.

Outra atriz da época, uma comediante que se acreditava dramática e vivia atrás de uma tragédia, é Katharine Hepburn. Tudo correu bem enquanto ela atuou como atriz cômica, em *Levada da breca*, *No teatro da vida* ou *Boêmio encantador*, ainda interessante em *A mulher que soube amar* (adaptação de um romance social que mais parece uma peça de teatro e surge dez anos antes de *Algemas de cristal*, de Tennessee Williams). Mas em *Mary Stuart, rainha da Escócia* todas as suas deficiências (de dicção, dramaticidade, voz) tornam-se tão patentes que o filme, embora dirigido por John Ford, acaba sendo apenas suportável. Depois de rotulada como veneno de bilheteria, Katharine Hepburn refugiou-se na comédia, onde, ao lado de Spencer Tracy, alcançou o *status* de grande dama.

Chegaram as louras! Até parece que eu minto ao dizer que na vida (isso que se chama sem equívoco de vida real) as louras não me interessam. Claro, cinema não é vida. Muito menos real. E lá eu dou comigo fazendo uma lista de mulheres gloriosas do cinema e as louras aparecem como num conto de fadas. É preciso esclarecer que entre elas não cabe incluir Ingrid Bergman nem Greta Garbo, suecas e suspeitas. Mas o fato é que nas atrizes louras existe algo que Hitchcock não tardou a ver: senso de humor. Mesmo quando o filme não é uma comédia. A primeira dessas louras foi Annie Ondra, que segundo a lenda foi amante de Hitler, como Claretta Pettaci foi amante de Mussolini. A primeira loura risonha foi Jean Harlow. Os críticos querem apresentá-la como má atriz. Eu prefiro que a considerem uma esplêndida comediante. Basta vê-la em *Bombshell* para perceber que com sua morte, aos 26 anos de idade, o cinema perdeu uma esplêndida mulher. Outra loura indócil foi Thelma Todd, por vezes a sedutora que convence Groucho Marx de que é irresistível. Thelma Todd, que além do mais tinha formas de vênus grega com feições de valquíria, morreu tragicamente em circunstâncias que nunca foram esclarecidas e talvez sua morte haja sido consequência de chantagem, obra da Máfia ou homicídio gratuito. A terceira loura risonha foi Carole Lombard, uma das cômicas mais naturais do cinema, dentro e fora da tela. Foi ela que, depois da lua de mel com Clark Gable, declarou: "Grande amante no cinema, mas na cama um fiasco." Ela e Hitchcock encontraram-se em *Sr. e Sra. Smith* — *um casal do barulho*, e ela insistiu em ver cenas do copião em andamento. "Espantoso!", comentou Hitchcock. "Uma atriz interessada na profissão!" Lombard olhou para o obeso inglês e respondeu: "Hitch, você parece bobo! Não percebe que estou querendo ver como ficaram meus peitos? É a primeira vez que eu uso sutiã." Com ou sem sutiã, Carole Lombard deixou saudade.

Mesmo em preto e branco, certas ruivas eram visíveis como uma luz vermelha e convidativas como uma luz verde. Minha predileta é Ginger Rogers. Katharine Hepburn afirmou certa vez que Ginger Rogers tinha ensinado sexo a Fred Astaire e Astaire ensinado estilo a Ginger Rogers. Não tenho ideia do *sex appeal* de Fred Astaire, porque quando ele dança com Ginger Rogers eu só vejo Ginger Rogers, que, em movimento, é a mulher mais bela do cinema, além de ter umas pernas que vão além do sapateado, umas costas ao mesmo tempo elegantes e sensuais e uns lábios e olhos que não tornaram a ver-se no cinema até Michele Pfeiffer. Quem vai sentir falta de Fred Astaire quando Ginger Rogers aparece de corpo presente?

Ann Sheridan era bela e glamourosa (basta pensar nela em *Satã janta conosco*, onde ela é a beleza e o sexo — o siso cabe a Bette Davis), mas preferia ser popular, como no filme *Em cada coração um pecado*, quando veio a ser o que faltava a Ronald Reagan, e em *Dentro da noite*. Ann Sheridan, que não era lá muito esperta, rejeitou oportunidades em cujo lombo saltariam atrizes de pernas ágeis e belas. Uma delas foi *Uma loura com açúcar*, cavalgada por um mito do cinema, Rita Hayworth, sereia meio beleza meio dançarina espanhola. Mas a mais bela ruiva do cinema, e melhor atriz, foi Eleanor Parker, em comédias como *Centelha de amor* (com Ronald Reagan, o homem amado por ruivas eloquentes e que veio a se casar com uma muda, Jane Wyman), ou dramas como *À margem da vida*, ou ainda melodramas como *A selva nua*. Eleanor Parker tinha o nariz mais dramático das telas.

Mas a ruiva com mais talento dramático e carisma, da cabeça às pernas que ostentava, era essa conhecida que Manuel Puig não ousou defender em San Sebastián. Para o cinema e para o século XX, ela se chama Barbara Stanwyck e é capaz de ser uma ameaça loura em *Pacto de sangue* e uma cintilante atriz em *Bola de fogo*. Basta vê-la no início da carreira, como uma missionária na China seduzida por um senhor da guerra com jeito de mandarim. Ou no seu esplendor, como uma golpista internacional em *As três noites de Eva*. Talvez Rita Hayworth seja mais sedutora, Ann Sheridan mais ousada e Eleanor Parker mais bela, porém Barbara Stanwyck, embora pareça um elefante vermelho, é realmente única, incomparável a despeito de todas as comparações. Se eu cometesse a estupidez de selecionar a melhor de todas, Stanwyck estaria entre minhas finalistas.

Antes de passar aos pesos pesados do cinema e do mito, é preciso falar de duas ou três mulheres cujo cabelo é tão negro quanto suas intenções. Refiro-me, por exemplo, a Jennifer Jones, que, em *Duelo ao sol, O retrato de Jennie* e *A fúria do desejo*, é o próprio nome do desejo. São raras as atrizes capazes de construir um chamariz sexual só entreabrindo a boca, curvando os lábios e metendo entre os dentes o que na mão de outra atriz seria um mero palito. Como Mary Astor, em *Relíquia macabra*, Jennifer, "me chame de Miss Jones", é feita da matéria de que é feita a traição. Mas sua verdadeira contrapartida é María Félix, capaz de carregar de paixão e ameaça uma frase que seria cômica na boca de outra atriz. Em *Doña Diabla*, seu grande momento, alguém vem informar que seu amante, por quem daria a vida, ou mataria, tinha fugido com outra mulher, e María, que no México sempre é Doña María, lança chispas dos olhos e fumaça das ventas (sem fumar), e profere um juramento pela boca: "De hoje em diante serei Doña Diabla!" — e o espectador que não duvide. María, essa *avis rara*, a fênix ardente, é tão fogosa (e perigosa) na vida quanto na tela. Uma vez, de manhã cedo, ela estava no Café de Flore, em Paris, à espera de uma amiga. Ciosa de seu dinheiro, María não queria nada e não pediu nada; estava só esperando. Um garçom, sem dúvida francês, vinha rondá-la vez por outra. A certa altura ele a abordou, curiosamente polido: "Madame não quer um café com creme?" María, olhou-o de alto a baixo, embora ela estivesse sentada e o garçom em pé. "Acaso eu tenho cara de quem toma café com creme?" Essa história soa melhor em francês, mas o meu francês é pior que o dela.

A morena mais bela do cinema, e talvez do mundo, foi Hedy Lamarr, que não tinha talento, simpatia nem carisma. Nua era pura beleza (como em *Êxtase*, quando tinha dezessete anos e apareceu vestida apenas com um colar de pérolas, durante dez minutos que emocionaram o censor), toda vestida (como em *A mulher sem nome*, onde, curiosamente, ninguém em Havana teve olhos para despi-la) ou seminua (como em *O demônio do Congo*, onde os críticos tentaram ridicularizá-la), sem perceber que era impossível ridicularizar a beleza. Lamarr, uma Helena de Troia que afundou todos os navios, teve seu melhor momento tosando o cabelo de Sansão. Desde o começo, era uma beleza judia. Ou seja, uma mulher fatal que dedicava suas fotos a Maybelline, "a maquilagem moderna".

Você deve ter observado que, como diz uma canção, eu "acentuo o que é positivo". Ou seja, a beleza. Mas existem atrizes, como Claudette Colbert, que estão longe de ser belas e no entanto são excelentes comediantes. Aqui intervém outro elemento que o cinema inventou (o cinema, ou talvez outro publicitário engenhoso), o *glamour* ou glamor, cuja pronúncia varia de país para país, mas sempre quer dizer a mesma coisa. Tem *glamour* Ella Raines, mas não Dorothy Lamour. Ava Gardner tem, embora nascida numa choça. Tem *glamour* Elizabeth Taylor, embora seja uma mulher vulgar. Tem *glamour* Vivien Leigh, mas não Joan Fontaine, embora as duas tenham-se envolvido com David

O. Selznick, que, quando lhe perguntavam o que tem uma estrela que ela não tem, insistia que eram três coisas: "*Glamour, glamour e glamour!*" Era o que tinha Myrna Loy, mesmo em *Os melhores anos de nossas vidas*, mas não Virginia Mayo, uma fêmea perigosa para Dana Andrews e letal para James Cagney.

Entre as grandes pecadoras do cinema, existe uma que é a Atriz e outra que é a Estrela. A pecadora é algo mais que uma vamp (palavra que o cinema inventou para o público) mas não necessariamente uma vilã. Embora nossas heroínas tenham sido ambas ambivalentes. A atriz por excelência do cinema é Bette Davis, uma mulher feia (primeiro loura, depois ruiva e afinal mais ou menos morena) que galgou o estrelato atuando. A estrela, por antonomásia, é Joan Crawford (primeiro ruiva, depois morena), uma beleza vulgar, com pouca escola e nenhuma técnica dramática (saiu de concursos de dança), que alcançou o estrelato com mais talante que talento. Se alguém pode chamar-se estrela do cinema é Crawford, cujo sobrenome francês original — LeSueur — quer dizer O Suor. Suando ela chegou mais longe que as outras. Ambas, a Davis e a Crawford, reuniram-se nessa dança demente que se chamou *O que terá acontecido a Baby Jane?* As duas deram uma dupla lição sobre aquilo que Edgar Allan Poe chamaria o Grotesco e o Macabro. O fato de o público acolher este *show* de feiura e maldade é uma prova da arte de uma e do eterno brilho da outra. No fim, as duas acabam intercambiáveis. Bette Crawford e Joan Davis: animais em preto e branco, monstros profanos, eminências nada pardas.

Hitchcock, normalmente conhecido como O Mestre, ou O Mago, dizia preferir suas heroínas louras porque lembram um *iceberg* em cima de um vulcão: o gelo derrete-se e aparece a lava. A melhor prova dessa teoria é Tippi Hedren em *Marnie — confissões de uma ladra*, em que a fria loura oculta um presente (e sobretudo um passado) turbulento. A pior prova da mesma teoria é Julie Andrews em *Cortina rasgada*. A fantasia rasga-se, e por baixo do *iceberg* aparece outro!

Meu exemplo da teoria sobre o que se passa debaixo do vulcão é Gloria Grahame, a Bette Davis dos pobres. Mulher capaz de enganar o ogro de Broderick Crawford (que não é parente de Joan), pôr chifres num domador de elefante (de fato lhe põe presas) e, principalmente, jogar café quente no rosto castigado de Lee Marvin, é a pecadora por exclusão: não chega a *iceberg*, não passa de geladeira. Seu melhor filme, o que prefiro, é *No silêncio da noite*, ou seja, aonde o amor vai parar. Aqui ela está estranhamente passiva, mas seu amante, Humphrey Bogart, é um vulcão a tal ponto violento que a Grahame, com seu longo lábio gelado, parece paralisada por uma dose cavalar de novocaína. No fim, é bom que não se case mesmo com Humphrey Bogart. Unidos por esse beijo infinito, teriam gerado um rebento com o *stiff upper lip* mais comprido do cinema.

Gloria Grahame demonstra cabalmente que uma mulher pode ser feia e mesmo assim dar certo como atriz, que as atrizes não devem fazer caso do conselho de Baudelaire — "Fique bela e cale a boca" — e que não é necessário ser bela para ser estrela. O público vai amar a que for amada pela câmera e, se a câmera não a amar, amo eu.

Vestidos e travestidos

No teatro clássico inglês (Marlowe, Shakespeare, Ben Jonson) só atuavam homens, que também faziam as vezes — e as vozes — das mulheres. Na encenação de *A tragédia de Romeu e Julieta*, diante da Rainha Elisabeth I da Inglaterra, subiram ao palco dois Romeus e nenhuma Julieta, e a ama era um amo. Quando Otelo beijava Desdêmona antes de matá-la, era outro ator que ele beijava. Quase sempre esse ator era jovem e imberbe: no palco as barbas podiam ser postiças, mas a cútis feminina tinha que ter o real frescor do orvalho e a cor da rosa.

Da rosa ou, como preferia o Bardo, do pêssego. Imagine só Helena, "o rosto que lançou ao mar inumeráveis navios" e diante dela Fausto a lhe pedir um verso e um beijo: *"make me immortal with a kiss"*. Helena, segundo Marlowe a mais bela mulher da antiguidade, precisava mais de barbeador que de cosméticos. Mas, como disse Otelo, "o caso o exige, coração, este caso". O caso e o gênero exigem que todas as heroínas sejam heróis debaixo das saias e do manto da noite.

Se alguém acreditar que há novidade em Ru Paul (uma mulata com atributos de negro estivador; ele é do cais, ela do litoral), proponho transportá-los em minha máquina (de escrever) a um tempo algo distante.

Na mitologia grega (o carnaval divino mais à mão), a mãe do herói escolhe para o filho as vestes que mais lhe sirvam como fantasia. Espírito contraditório, a deusa Tétis casou-se com um deus reduzido à mortalidade para evitar que o filho (o filho dela) fosse imortal e cometesse um incesto, ou cem, por ser (ou não) mortal. Esse filho mortal chamou-se Aquiles e não tardou a imortalizar-se, na guerra de Troia. Para que não morresse em combate, Tétis o escondeu — mas antes, atenção por favor, vestiu-o de menina, ou melhor, de moça. Desejoso de tê-lo ao pé de si no cerco a Troia, Ulisses tentou a moça com miçanga e bugiganga, além de uma espada. Pelo modo como a moça afagou a espada (Freud ainda não tinha nascido, e portanto, mesmo apalpada, a espada ainda não era símbolo fálico), Ulisses compreendeu que "ela" era Aquiles — agora o primeiro a ser não só travesti mas também bissexual. Com Troia sitiada, Aquiles, menosprezado, pelejou por Briseida que lhe fora afanada e morreu por amor a Pátroclo, que os troianos, por engano, já haviam assassinado. Páris (o do dito "Páris vale bem uma moça", moça esta que era Helena, a grega, por causa de quem se armou o quiproquó de Troia), descobriu que Aquiles era vulnerável em seu tenro calcanhar e o matou com sua espada, pelas costas.

Aqui entra Xangô dançando. Em Cuba esse deus iorubá representa-se pela virginal Santa Bárbara. Xangô é a versão africana de Aquiles: uma máquina de combater. Então, como pode ser adorado como uma mulher? Ossos do sincretismo. Como Aquiles, Xangô era buscado, mas não por seus amigos, para ir à guerra, e sim por inimigos, que o queriam despachar lá para o outro mundo. E que fez esse viril Xangô das mil virgens para escapar dos credores? Disfarçou-se de mulher. Mas não há disfarce sem furo: por baixo da anágua, para tirar água do joelho, pendia uma espada. Xangô fugiu dançando.

E como virou Santa Bárbara, santa que segundo o Vaticano não é mais santa? *Non sancta Bárbara* aparece em cromos, imagens, estatuetas pias cercada de atributos que parecem de Xangô: cálice ritual numa mão, espada na outra, Santa Bárbara é um barril de pólvora num barco e, lembre-se, só quando troveja as pessoas lembram dela: nas imagens sagradas há sempre uma tempestade no auge. Xangô, mal é preciso dizer, é o deus do trovão. Em Cuba a festa de Xangô é celebrada a 4 de dezembro. E que diz o almanaque junto ao letreiro que recomenda sal de uva Picot para acidez? Hagiológio: *4 de dezembro — Festa de Santa Bárbara.*

De Roma à Transilvânia o século travestiu-se, e que Ray Ban seria melhor do que a tela para esconder-se e — tará! — ver quem entra homem e sai mulher? Isto o cinema já fez muitas vezes, como em *A tia de Carlitos*, em que Carlitos se disfarça de Carlota, ou *Quanto mais quente melhor*, em que Tony Curtis e Jack Lemmon viram Josephine e Daphne. Mas nunca o varão virou varoa (e o moço moça) que canta o canto do cine tanto como agora. Terry Stamp é Priscilla em *Priscilla, a rainha do deserto*, enquanto Patrick Swayze e Wesley Snipes competem para ver quem é mais feminino em *Para Wong Foo, obrigada por tudo! Julie Newmar*. A ironia do título é que a verdadeira Julie Newmar foi uma das mulheres mais belas e sensuais do cinema. Lembranças.

Em 1958 tive o prazer de Tântalo de tê-la ao meu lado, num estúdio de cinema de Havana, onde Errol Flynn filmava sua última película intitulada, adequadamente, *Mulheres Rebeldes de Cuba*. Em 1985 tornei a ver suas imensas pernas, mais sinuosas que uma estrada espanhola, em casa do finado John Kobal, aqui em Londres. Nas duas ocasiões ela parecia mais uma amazona que uma estatueta grega. Não esquecer que foi Aquiles que matou Pentesileia, rainha das amazonas. Talvez estivesse tentando descobrir o segredo de seu sexo de um peito só.

Esses atores, todos vivos, manifestam enorme prazer em vestir-se e agir (ou ser) como mulheres. Quem melhor descreveu tal sensação foi o suave Swayze, falando de seu *travesti* após vestido: "É esse momento na vida de um homem — que quer ser lindo." Já Terry Stamp, ao se ver travestido na tela, exclamou: "Nunca imaginei que eu seria tão feio se tivesse nascido mulher!"

Que querem que eu diga? Prefiro agradecer a Julie Newmar. Não esqueço que seu último filme se chamou *Nudity Required*. Essa mulher sempre cumpriu a promessa que deixava entrever debaixo do vestido — e não era uma espada.

Latinos e ladinos em Hollywood

Não lhe parece estranho, e ao mesmo tempo normal, a Divina Greta chamar-se Garbo? Seu verdadeiro nome era Greta Gustafsson, e embora exista um registro judicial sueco que a declara Garbo, este nome jamais apareceu na lista telefônica da época e parece proceder mais de Hollywood que de Estocolmo. Tenho razões para crer e para lhe fazer crer que vem do *garbo* espanhol, que tem raiz árabe, bem longe da Suécia. Garbo, diz o dicionário, caso você tenha esquecido por obra dessa usina de amnésia que é o tempo, quer dizer graça, elegância e desenvoltura ao se mover e se expressar. Em inglês e em sueco, não quer dizer absolutamente nada.

O nome Garbo, como a expressão "a grande Garbo", é invenção de um publicitário particularmente talentoso da primitiva Metro-Goldwyn-Mayer, o mesmo autor da hipérbole astronômica segundo a qual no estúdio "há mais estrelas que no firmamento". Greta Garbo brilharia como uma supernova nesse firmamento, onde então fulgurava a obra de um escritor espanhol hoje injustamente esquecido, Vicente Blasco Ibáñez, que na Espanha se chamava Blasco e em Hollywood era conhecido como Ibanez.

Blasco foi em sua época o escritor espanhol mais popular não só na Espanha como também no mundo. Na França e Alemanha sua fama não tinha concorrente, e chegou a Hollywood, onde o grande sucesso do momento era *Os quatro cavaleiros do Apocalipse*, o seu romance que, adaptado ao cinema, catapultou Rodolfo Valentino para uma fama estonteante, e talvez para a morte. Mas Valentino (cujo nome verdadeiro era Rodolfo Alfonso Raffaello Pierre Filibert Guglielmi di Valentina D'Antonguolla) foi gerado pela expressão *latin lover*, o amante latino, em *Sangue e areia*, outro romance famoso de Blasco Ibáñez que, juntamente com *Os quatro cavaleiros*, sobreviveria a Valentino. Assim se firmou em Hollywood esse romancista valenciano.

Terra de sonho e fantasia, que atraiu o realista Blasco já maduro. Foi um filme baseado num romance dele, *Entre laranjais*, que a Metro batizou de *Os proscritos* e escolheu para a estreia de Greta Garbo em Hollywood (ou seja, no cinema). Mas quem fez par com ela não foi um latino, mas um ladino: o ator judeu, nascido em Viena, Jacob Krantz que, imitando Valentino, mudou o nome para Ricardo Cortez. Apelidado de Jake, Krantz tirou seu nome de uns charutos falsificados que andavam por lá, chamados "Don Cortez". Louis B. Mayer, chefão da Metro e (como todos os chefões, chefes e prefeitos municipais) homem dotado de senso não de humor, mas de escárnio, lançou uma farpa contra o ator, imigrante e judeu como ele: "Veja só, Jake Krantz é o único ator de Hollywood que tem nome de charuto." Não adiantou. Ricardo Cortez (aliás seu irmão, contaminado, mudou o nome para Stanley Cortez e chegou a ser um dos mestres da fotografia cinematográfica) já era um astro quando Garbo não passava de uma novata. Era chamado "o amante latino com olhos de alcova". Se bem que só seus olhos dormiam nesse leito.

O filme seguinte de Greta Garbo foi com Antonio Moreno (que, curiosamente, chamava-se Antonio Garride), já veterano quando entrou no elenco ao lado de Garbo. Moreno (que eu conheci em Havana muito tempo atrás, ao lado de outro amante latino, Gilbert Roland, a quem a enciclopédia do cinema de Ephraim Katz se refere como "um amante latino resistente" — e de fato ele não se desgastou enquanto durou) sofreu nas unhas de Garbo em *Terra de todos*. Ou melhor — ou pior — debaixo da batuta de Mauritz Stiller. O descobridor sueco de Garbo obrigou Moreno, mais baixo que a amazona sueca, a subir em caixas, escadas e degraus para ficar mais alto. Teve também que usar sapato com salto de três centímetros para combinar com os grandes pés suecos femininos de Garbo.

Contudo, ele durou mais no cinema do que ela. Seu último filme foi *Rastros de ódio*, de John Ford (a quem tinha conhecido como ator mudo), em que atuou com John Wayne. Seu papel é pequeno porém memorável, Don Emilio Figueroa (uma gozação de Ford com Emilio Fernández e seu famoso fotógrafo Gabriel Figueroa). Há um diálogo em espanhol, língua que Wayne também conhecia. Moreno propõe um brinde: "*Salud y pesetas*", e

Wayne responde: "*Y tiempo para gastarlas.*" Tempo para gastar pesos e pesetas foi o que não faltou a Antonio Moreno. Ainda mais tempo, mais pesos e mais pesetas que Moreno teve Dolores del Río, uma das grandes belezas de Hollywood. Seu nome verdadeiro era María de los Dolores Asúnsolo y López Negrete. Filha de um banqueiro, ela própria afirmava pertencer à aristocracia. E, embora isso não fosse verdade, poucas mulheres do cinema foram tão aristocráticas. Katz afirma, em sua enciclopédia, que foi "uma das mulheres mais belas que jamais ornamentaram a tela americana". Em todo o mundo do cinema mudo não houve rosto mais bonito, e só no fim dos anos 30, quando surgiu Hedy Lamarr, foi vista uma beleza equivalente. Seu primeiro filme foi produzido em 1925 e o último (o lamentável *Os filhos de Sanchez*, cruza de Hollywood com México) em 1978. Entre essas duas datas estende-se uma carreira americana, ao longo da qual Dolores foi obrigada a aprender inglês, que sempre falou com um assustador sotaque de Durango, onde havia nascido. No seu último filme como protagonista, *Jornada de pavor* (1943), atuou sob a direção do amante, que foi quase seu marido, Orson Welles, o qual teve relações também com Marlene Dietrich e Rita Hayworth, e portanto não entendia só de cinema e charuto.

A beleza de Dolores é indescritível: só vendo. E isso até em películas menores, como *Voando para o Rio* (que provoca o trocadilho: voando para Dolores del Río) ou *Wonder Bar*, onde eclipsou Kay Francis, uma beleza de cabelo escuro e, não ia fazer por menos, seminua em *Ave do paraíso*: foi sua beleza que inspirou essa fantasia paradisíaca. Num de seus famosos memorandos, o produtor David O. Selznick manifestou assim o seu desejo: "Quero ver Dolores del Río num filme romântico passado nos mares do Sul. A trama não importa, desde que o filme se chame Ave do Paraíso e termine com ela se atirando num vulcão."

Dolores del Río foi uma grande beleza mas nunca morreu, sequer num vulcão. Era uma mulher mais para fria: os outros é que lhe atribuíam paixões. Mas se orgulhava de seu corpo, aliás conservado, conforme declarou quando estava no apogeu, com banhos de imersão numa banheira de gelo. E dormia entre panos embebidos de azeite. Também tinha um conselho simples para manter os seios eretos: jamais deixar que um homem os tocasse.

Ninguém se atreveu a perguntar à altiva atriz se a norma também excluía as mulheres.

Em seu interessante catálogo *Hispanics in Hollywood*, George Hadley-García interpreta assim o sucesso de Dolores del Río no cinema falado: "nas atrizes o sotaque estrangeiro é tolerável, e fica até glamoroso." Georg Lichtenberg tinha explicado por que, no século XVIII: "É encantador ouvir uma estrangeira falando nossa língua e observar seus belos lábios cometendo erros. Com os homens, é diferente." Dolores, porém, voltou ao México e lá também foi estrela. De uma estranha beleza nativa, seu rosto impassível atraía papéis de heroínas estoicas.

Ramón Novarro não foi uma cópia de Valentino. Tampouco Antonio Moreno, que veio antes. Moreno explicou a razão da preferência do cinema mudo pelos *latin lovers*: "Naquele tempo as americanas gostavam de acreditar que os latinos eram mais — como direi? — apimentados." Moreno, que era espanhol, e Novarro, mexicano, foram algum tempo apimentados. José Ramón Gil Samaniego, nome verdadeiro de Novarro, era primo de Dolores del Río e, com exceção de Valentino, ninguém o superou no cinema mudo. Se Valentino fez *O sheik*, Novarro foi *The Barbarian (Árabe*, no México). Transformou-se num símbolo sexual, e as mulheres chamavam-no *Ravishing Ramón* — um homem empolgante, um pão. Mas, como Moreno, Novarro tinha um segredo escandaloso: era homossexual. Moreno casara-se e tinha uma vida aparentemente normal. Louis B. Mayer (naquele tempo, em Hollywood, todos os magnatas abreviavam com uma inicial o sobrenome da mãe) insistiu com Novarro para fazer a mesma coisa. Novarro recusou-se, e foi aí que tiveram início os seus problemas de carreira, que ele atribuiu ao sotaque mexicano. Em 1926, porém, ele protagonizou o mais caro filme do cinema mudo (e não é preciso dizer que em Hollywood o custo se confunde com a qualidade). Classificado pelo *New York Times* como "obra-prima", *Ben Hur* foi um espetacular sucesso de bilheteria. Exerceu tamanho impacto sobre o público que a Metro repetiu a dose em 1959. Mas, em 1926, Mayer, pela boca do leão, mandou um recado a Novarro: "Volta, Ramón. Papai te perdoa."

Ironicamente, foi para Novarro, que tinha sido Ramón, o Garçom que Canta, e se refugiado no teatro de revista antes de entrar no cinema como figurante, que se cunhou o rótulo de *latin lover*. Melhor ator que Valentino (nunca se viu Novarro esbugalhando os olhos), mais comovente que John Gilbert (pena que o fracasso no cinema falado o tenha acabrunhado), Novarro durou mais do que seus dois rivais e sua atuação em *The Student Prince in Old Heidelberg* foi primorosa, de um encantamento jamais criado por Gilbert ou Valentino. Via-se que era um homem fino. No cinema sonoro, seu último êxito foi, surpreendentemente, ao lado de Greta Garbo, em *Mata Hari*. Seu sotaque ainda era mexicano, vale dizer, suave e melodioso, e mesmo assim foi perseguido até o resto da vida por uma piada. Os gozadores americanos cumprimentavam as mulheres, perguntando: *"Wat's de matta, Mata?"* Depois disso Novarro andou de mal a pior, e acabou fazendo pontas. Uma das últimas foi em *Terra em fogo*, ao lado de José Ferrer, um de seus herdeiros dramáticos. Com outro, Anthony Quinn, apareceu pela última vez em *Jogadora infernal*, dirigido por seu amigo George Cukor. Em 1968, assim como Norma Desmond, a estrela cadente da ficção cinematográfica, Ramón Novarro interpretou seu último papel diante das câmeras – como em sua famosa foto dos anos 20 — totalmente nu. Mas agora sua cabeça estava reduzida a uma massa sangrenta, e ele estava morto. Dois delinquentes juvenis (ou dois jovens delinquentes), atraídos pela lenda do tesouro oculto em casa do ator, haviam--no liquidado a golpes de atiçador de lareira na sala de sua casa.

 Lupe Vélez, epítome da mexicana com mais sexo que siso, foi educada — quem diria? — num convento do Texas. Como Dolores e Ramón, Lupe vinha do cinema mudo. Em um dos melhores filmes de Douglas Fairbanks, *O Gaúcho*, ela foi protagonista: já então uma fera do amor e do ciúme. Naquilo que em Hollywood se chama "a vida real", e que não passa de outra forma de cinema, foi chamada de Clara Bow latina, por causa de seus amores fora da tela. Sua tempestuosa relação com Gary Cooper foi estampada em todos os jornais da época. Como ocorreu a seu casamento com Johnny Weissmuller, encarnação de Tarzan dos macacos. Lupe, que não tinha papas na língua, insultava, brigava e batia no nobre gigante que foi Weissmuller, que se limitava a dizer: "Eu Tarzan, ela selva".

 Depois de atuar segundo o modelo narrativo clássico de Griffith e com o ilustre Cecil B. De Mille, foi nos anos 40, com

Tarzan abandonado na selva de seu casamento, que Lupe Vélez encontrou um nicho noturno: interpretou a *Mexican Spitfire*, a mexicana que cuspia fogo e em casa era um avião de caça. Pela primeira vez, ela foi popular na tela. Como todos os atores, porém, queria ser levada a sério. Jamais conseguiu. Sequer na hora da morte. Já mais velha e sempre apaixonada, concebeu por despeito um suicídio ideal, mexicano como um copo de tequila envenenado. Contratou *mariachis* para recordar a infância (passada, lembrem-se, num convento americano), encheu a casa de flores (mexicanas como a magnólia e a gardênia) e ordenou aos músicos mexicanos que não parassem de tocar, houvesse o que houvesse. Com ajuda de tequila engoliu vinte comprimidos de seconal, o sonífero da moda, e deitou-se no vasto leito desenhado para o amor e agora usado para a morte do amor, ou simplesmente para a morte, a seco — ou regada a tequila. Enquanto isso, vibrava a música dos *mariachis*. De repente Lupe, que estava longe de agonizar, sentiu uma incontrolável ânsia de vômito. Era o efeito não só da tequila com seconal mas também de sua extraordinária energia. Correu para o banheiro — e esta salvação foi sua perdição. Com os *mariachis* tocando e cantando a plenos pulmões, ninguém ouviu os gritos de socorro da atriz, que acabou se afogando no vaso. Nem sua morte foi levada a sério. María Guadalupe Villalobos Vélez só tinha 36 anos ao morrer. A mesma idade de outra atriz que também queria ser séria e, para provar que não brincava, tomou uma overdose de outro sonífero da moda. Esta se chamava, ou dizia se chamar, Marilyn Monroe.

    Gilbert Roland (nome verdadeiro: Luis Antonio Dámaso de Alonso, nascido em Chihuahua de pais espanhóis) é até hoje a figura hispânica de Hollywood que mais durou. Exemplo precoce de *latin lover*, entrou para o cinema aos 13 anos e, que eu saiba, ainda não saiu: as estrelas não morrem, apagam-se e transformam-se em sóis negros. Roland fez o primeiro filme como protagonista em 1926, ao lado nada menos que de Norma Talmadge, encarnando, a palavra é esta, o casal que depois seria composto por Greta Garbo e Robert Taylor. Roland foi o Armand nessa *Dama das camélias*. Com fama de galã da meia-noite no cinema e na vida, Gilbert Roland era de fato simpático e acolhedor, tanto quanto o *latin lover* que interpretou para Vincente Minnelli em

Assim estava escrito, talvez o seu melhor filme. Ao menos ele morre entre os braços (imagino que também entre as pernas) de uma das mulheres mais atraentes do mundo, Gloria Grahame, que no entanto passou à história do cinema como a mulher em quem Lee Marvin, perverso, jogou café fervendo na cara para desfigurá-la.

Roland, que figurou no elenco de *Terra em fogo* não só com Antonio Moreno, Ramón Novarro e José Ferrer, mas também com Cary Grant, talvez o ator romântico ideal do cinema, foi ele próprio uma figura romântica em espanhol na versão espanhola de *La Vida Bohemia* (novela de TV, não uma ópera). Nesse tempo apareceu em Hollywood uma moda de dublagem. De dublar não os atores, mas os filmes, produzindo uma versão em espanhol dos sucessos do momento. Assim muitos atores hispânicos (espanhóis e sul-americanos) fizeram carreira, uma carreira breve e que mal chega a ser lembrada. Os poucos que ainda se recordam são Catalina Bárcena e, principalmente, Carlos Villarías, que dublou Bela Lugosi para o espanhol em *Drácula*. Em certos momentos Villarías era melhor ator que Lugosi, mas, claro, o velho Lugosi *era* Drácula.

Nessa época surgiram dois atores que duraram, César Romero e Anthony Quinn. Romero era uma estrela da Fox quando Quinn ainda forcejava para aparecer. O tempo trocou seus papéis. Foi a Romero que primeiro aplicaram a descrição "alto, moreno e simpático". Romero era mais do que alto, além de excelente dançarino que já estava na Broadway. Assim, em Hollywood foi estrela da comédia musical, fez papéis leves e revelou-se ator versátil. Já velho, ganhou fama como o Coringa da série original do Batman na TV. A título de curiosidade, não só César Romero é de origem cubana, mas um seu bisavô por parte de mãe foi José Martí! Muitos cubanos, dentro e fora da ilha, negam esse parentesco. Tal rejeição é uma forma patriótica de machismo. Como o Apóstolo, o próprio Martí, vai ser avô desse dançarino, que além do mais é ator? Basta olhar para essa testa, essas sobrancelhas, esses olhos e esse bigode refinado por Hollywood para saber de onde vêm. Martí, acho eu, teria orgulho desse bisneto, que nasceu e viveu num monstro mas fez de suas entranhas a matéria do sucesso.

Anthony Quinn, a virilidade em pessoa, é outra história. Neto de irlandeses (Quinn é seu nome verdadeiro), nasceu — onde haveria de ser? — simplesmente em Chihuahua. Menino ainda foi com a família para os Estados Unidos, onde absorveu esse inglês que fala sem sotaque, exceto quando quer. Na juventude padeceu dificuldades e humilhações sem conta. Ainda se pode vê-lo na televisão como figurante em um ou outro filme velho. Nos primeiros papéis que conseguiu, bem secundários, ele aparece de cabelo lustroso e sobrancelhas afiladas; é como uma versão tardia de Valentino. Queriam fantasiá-lo de *latin lover*. Mas Quinn tinha na voz um tom roufenho e nos modos uma insolente grosseria, e era capaz de ser uma estrela muito individual e um ator versátil.

Começou casando com uma das mulheres mais belas, que teve uma veloz trajetória no cinema: Katherine de Mille, filha adotiva de Cecil B. De Mille. De Mille concordou com o casamento sob a condição (cumprida) de não ajudar em nada na carreira dele. Sempre individualista, Quinn aceitou o desafio e terminou ele ajudando o sogro a dirigir *Lafitte, o corsário*. Pode-se ver Quinn duas vezes (ele fazia gêmeos) na parte esquerda de *Castelo sinistro*, o caça-fantasmas original de Bob Hope, em que Hope era tão covarde como sempre e Quinn já ameaçava tornar-se uma estrela. Seu momento chegou com *Viva Zapata!* em que fez Eufemio, o irmão de Emiliano Zapata, este protagonizado por Marlon Brando. Quinn, que havia substituído Brando na Broadway em *Um bonde chamado desejo*, em *Zapata!* lhe roubou todas as cenas que pôde, inclusive a de sua morte. A morte de Brando foi dramática, mas obtida com efeitos (de balas) especiais, enquanto a de Quinn foi patética — mais do que isso, trágica. Esse momento memorável valeu-lhe um Oscar de melhor ator coadjuvante. Daí partem seu Zampanò em *A estrada da vida*, o velho sensual de *Zorba, o grego*, o bondoso guarda civil de *A voz do sangue*, o esquimó de *Sangue sobre a neve*, o xeique de *Lawrence da Arábia* — e mais uma longa lista, que faz dele a estrela hispânica mais internacional de Hollywood. Mas não é um ator curinga e sim, na tela e fora dela, uma figura versátil.

Como seu Gauguin de *Sede de viver*, Anthony Quinn é visceralmente artista, com um poderoso caráter por trás de uma aparência brusca. Quinn não espera o roteiro para trabalhar seus filmes. A partir de 1972, tentou várias vezes trabalhar comigo, o que não foi possível por uma razão ou por outra. A última vez, num projeto em que estavam presentes várias de suas obsessões: a pintura, o gênio criador, a velhice. Seria um filme sobre os últimos anos de Picasso. Quinn, na vida real mais um pintor que atua que um ator que pinta, tentou-me fazer reescrever um roteiro que ele tinha escrito. A certa altura de nossa conversa, em que se falava não só do papel de Picasso, mas também do papel de cada uma de suas amantes e da forma como o roteiro punha em cena os quadros mais famosos de Picasso, e até seu cavalete e paleta, Quinn disse: "Olha só, mano, nós, os mexicanos..."

Tive que interrompê-lo: "Tony, eu não sou mexicano, sou cubano." "Cubano, mexicano... Não faz diferença. Por que você acha que eu posso fazer Picasso? Porque pinto mal? Não, é porque sou capaz de ser tão espanhol como ele." O detalhe errado desse diálogo é que Anthony Quinn não é mau pintor — e sabe disso. Mas é um magnífico ator, que não só ganhou um monte de honrarias e um monte ainda maior de dinheiro como fez do seu ofício uma arte do século XX. É preciso agradecer a Hollywood, que o formou sem deformá-lo, e é preciso sentir orgulho porque existe Quinn.

Um ator hispânico que passou da Broadway para Hollywood e de lá para a fama internacional foi José Ferrer (não confundir com Mel Ferrer, filho de cubanos e cujo principal passaporte para a fama foi seu casamento com a bela, graciosa e sempre elegante Audrey Hepburn). *José* Ferrer nasceu em Porto Rico mas seu inglês, culto e perfeito, preparou-o para os mais diversos papéis. Seu grande momento ocorreu em 1950, quando interpretou, não, quando ele *foi* — Cyrano, em *Cyrano de Bergerac*. Se você acha que Gérard Depardieu está excelente como Cyrano (e está) é porque não viu — nem ouviu — José Ferrer. Ferrer transformou a desvantagem de recitar os versos de Edmond Rostand traduzidos para o inglês numa vantagem histriônica. Sem se empenhar, ganhou naquele ano o Oscar de melhor ator, que devia ser dado ao melhor ator trágico.

A carreira de Ferrer em Hollywood nunca esteve em ascensão: ele já começou no auge. Sua estreia foi no papel do Delfim, em *Joana d'Arc*, com Ingrid Bergman. Bergman, depois de eclipsar quase todo mundo desde que viera da Suécia (eu sei: menos Humphrey Bogart, em *Casablanca*, e Gary Cooper, em *Por quem* os sinos dobram), foi eclipsada por Ferrer quase como seus personagens: o Delfim, débil mas obstinado, domina Joana, forte mas débil. Depois de *Joana d'Arc* Ferrer virou galã, embora Porto Rico lhe desse o sotaque (quando falava espanhol) mas não a beleza. Depois foi diretor-estrela, depois produtor-diretor-estrela e finalmente voltou a ser ator. Não mais como galã, pois o tempo é mau maquilador. Contudo, Ferrer foi mais uma vez memorável. Como o Toulouse-Lautrec incrivelmente mirrado para um John Huston que avultava à medida que o filme era rodado. Foi o pastor que perde a alma para o corpo de Rita Hayworth em *A mulher de satã*, versão meio musical do conto de Somerset Maugham "Chuva", filmado mais de uma vez, ou uma vez demais. Foi um Dreyfus acusado mais de idiotia que de traição em *J'accuse!* Um mau conselho (evidentemente de sua mulher, a cantora Rosemary Clooney, para quem um dia ele haveria de cantar "Oh, Rosemary, eu te odeio"), teve como fruto uma versão (francesa, *oulala!*) de *Cyrano*, quase com o nariz original. Já em declínio, porém ("As estrelas", disse um astrólogo, "declinam mas não cedem"), foi um magistral ator secundário sob a batuta de Billy Wilder em *Fedora*. Aí ele reassumiu a sua autoridade, malevolência e dissimulação. Ou seja, foi de novo um completo diretor de cinema. Quando morreu, porém (coisa em que eu nunca acreditei), senti falta dele.

Creio que a única dominicana que foi estrela em Hollywood chamou-se María Montez. Hoje ninguém acreditaria a que ponto ela chegou, apesar da pobreza de seus meios de expressão. Não atuou no cinema mudo, mas nos loquazes filmes do início dos anos 40. E como atriz não era ruim, era péssima. Bela, para quem tem da beleza feminina a ideia que tinha Borges senil. Não cantava nem dançava. Era como uma área de emergência declarada na esteira de um desastre natural. Contudo, numa demonstração de que em cinema o amor é não somente cego mas igualmente surdo, teve milhões de fãs alucinados, que atacavam quem quer que dissesse coisas do tipo "Eu não sei o que veem nela". Eu mesmo não sabia o que viam nela, e várias vezes fui alvo de alfinetadas por parte de vizinhos de poltrona. María Montez, cujo nome verdadeiro era África Vidal de Santos Siles e que era filha de um cônsul espanhol na República Dominicana (veja o que fazem os cônsules espanhóis destacados para as Américas), era a rainha de

Exótica, esse país que Hollywood inventou. Tão exótica quanto sua compatriota Flor de Oro Trujillo, que seu tirano-pai (produtor de pesadelos) decretou Beleza Nacional, onde senão em Cidade Trujillo, a capital? (E pensar que esta foi a terra que Cristóvão Colombo escolheu para se fixar!) Alguns sucessos de María Montez? Eu digo, contanto que não me façam relatar as tramas, pois não existem. *A mulher invisível, Assaltante do deserto, Ao sul de Taiti, As mil e uma noites* (você adivinhou: ela era Sherazade), *A selvagem branca, A mulher cobra, Gata selvagem, A sereia da Atlântida* — isto é só uma amostra. Apesar de tudo, o ator favorito de Andy Warhol, em sua homenagem, mudou o nome para Mario Montez. Era, claro, um travesti. Na melhor tradição inaugurada por Lupe Vélez, María Montez acabou escaldada numa banheira. A "Rainha do Technicolor", como chegou a ser chamada, também morreu aos 36 anos. Certas atrizes não deviam declarar a idade.

Rita Hayworth devia ter sido serrada em duas — como fazia em cena o seu então marido, o afortunado Orson Welles. A primeira metade da estrela enlouqueceu o pai de Manuel Puig (ler *A traição de Rita Hayworth*) para desiludir o filho, quando o conheceu, como se diz, em pessoa. Então ela era e se chamava Margarita Carmen Cansino, filha do dançarino e professor de *flamenco* Eduardo Cansino. Houve quem quisesse relacionar o dançarino com o escritor Cansinos-Assens (como John Kobal, inesquecível historiador do cinema e biógrafo de Rita).

Para fazer justiça a Hollywood, é preciso dizer que os estúdios Columbia, em apenas três anos, transformaram Margarita Cansino, uma mulher obstinada cuja arte era o *flamenco* e que estava longe de ser bela (basta vê-la em *Charlie Chan no Egito*, onde foi insignificante como pessoa e como atriz: testa visivelmente estreita, feia, olhos pequenos), numa mulher bela, elegante e sofisticada em *Paraíso infernal* e logo depois a Grande Sedutora de *Sangue e areia* e *Uma loura com açúcar*, ambos produzidos em 1941, e ao mesmo tempo fizeram-na trocar o *flamenco* pelo *jazz* e dançar como uma veterana com Fred Astaire! A magia de seu rosto chamava-se maquilagem, mas o feitiço e graça de seu corpo, estático ou em movimento, chama-se revelação: essa mulher tinha nascido para ser estrela do cinema — e desempenhou magistralmente este papel.

Para a guerra, desde Troia, foram os homens (heróis, segundo Homero e o cinema). Para trás ficaram as mulheres, sozinhas. Penélope sem Ulisses, tecendo ilusões de dia e à noite projetando-as como sombras. Era esta a situação em Hollywood ao longo da Segunda Guerra Mundial e, para amenizar a carência de galãs, importaram-se atores da zona vizinha, quase do quintal — essa parte do continente comicamente denominada América *Latina*. De lá vinham os latinos, inclusive (por que não?) os *latin lovers*. Os primeiros importados já eram importantes em seu país. Refiro-me a Pedro Armendáriz e Arturo de Córdova, que chegaram, viram, foram vencidos e voltaram ao México. Dois dos que chegaram para ficar são Desi Arnaz e Ricardo Montalbán. Arnaz, que nunca se levava a sério, e Montalbán, que sempre se levou a sério, são dois exemplos de *latin lovers*. Montalbán, quem diria, chegou a fazer um filme chamado *Latin Lovers*. Os dois recém-chegados não tardaram a formar casais com americanas. Montalbán casou-se com a irmã de Loretta Young, Arnaz com uma atriz original, Lucille Ball, que se tornaria uma incomparável comediante, com ou sem ele. Depois de triunfar na TV, Lucille Ball virou executiva do estúdio RKO, que acabou por comprar numa liquidação. Quando lhe perguntaram por que não aparecia mais no cinema, Arnaz, já então e para sempre Desi, explicou: "Já me casei com uma indústria, pra que eu quero outra?" Desi, quem diria, era muito mais eficaz como executivo do que como ator. A empresa do casal chamou-se Desilú, que lembra desilusão. E quem dava as cartas? Qual é a dúvida? Lucille Ball.

Arnaz (que também tinha nome: chamava-se Desiderio Alberto Arnaz y de Acha, assim, sem H) veio da música cubana para o cinema americano. Lá via Xavier Cugat e sua orquestra, que, além de gerar Lina, Abbey e Charo, deu à luz Desi. Seu primeiro filme chamava-se *Garotas em penca*, mas entre elas havia uma Penélope, Lucille Ball, que tinha não só um grande corpo mas também boa cabeça e, como Penélope, habilidade para se fazer de boba para os pretendentes, que não eram poucos, embora do sexo oposto. Casaram-se logo e logo foram cada um pra seu lado, falando em (tela de) ouro. Os filmes de Arnaz chamavam-se, sutilmente, *Fim de Semana em Havana* e *Cuban Pete*, ou seja *Pepe, o cubano*. Novamente juntos, fizeram uma comédia magistral, *Lua de mel agitada*, dirigidos pelo grande Vincente Minnelli. Arnaz nunca perdeu o pesado sotaque cubano, para alegria geral, menos dos espectadores espanhóis, obrigados a ouvi-lo falar dublado com sotaque de Madrid.

Ricardo Montalbán, que falava inglês com um leve sotaque de toda parte, ou seja, de parte alguma, deixou para trás os galãs ligeiros e transformou-se num ator dramático em filmes dramáticos, como *O preço da glória* e *Sem pudor*, ambos dirigidos por William Wellman, que deu o primeiro papel importante a Anthony Quinn como o bravo mexicano de *Consciências mortas*. Em *Sem pudor*, Montalbán é o herói mexicano que, seguindo a Lei de Goldwyn (de Sam Goldwyn, que declarou: "Estou farto de clichê velho. Me traga um clichê novo!"), é do bem, enquanto todos os americanos são do mal: assassinos, achacadores, rufiões. Em suma, um filme para espectadores anti-imperialistas. Fracassou.

Montalbán, porém, foi um sucesso e continuou filmando, não, que pena, como o do bem, mas como o do mal, ou pior, como em *Jornada nas estrelas 2: A ira de Khan*, em que faz o rei dos vilões estelares (Khan Noonien Singh).

Os anos 80 foram como os 40 — sem guerra —, torrente ou fartura de atores e atrizes. Primeiro as damas. Em *A volta ao mundo em 80 dias*, Charles Boyer, como um agente de viagem, fala a Cantinflas sobre as mulheres de Bali: "É uma coisa, nem consigo descrever." E Cantinflas responde: "Por favor, tente!" Eu vou tentar. Primeiro vem Raquel Tejada, que, como Rita Cansino, fez fortuna quando mudou de nome. Agora se chama Raquel Welch no cinema. Basta ver *Viagem fantástica* para conhecer a sua anatomia ou *Um milhão de anos antes de Cristo*, em que, como afirmava Sacher-Masoch, é uma Vênus vestida de peles. Raquel Welch é de origem boliviana. Sua única rival, Barbara Carrera, é nicaraguense, e não houve entre as latinas rosto mais belo desde Dolores del Río — e no cinema um belo rosto é uma caravela feita de descobrimentos e perplexidades.

Há Elizabeth Peña, a melhor atriz de todas essas belezas, e Talisa Soto, tão bela que provoca um efeito raro: fotogênica ao contrário, o que se vê na tela é um pálido reflexo da beleza que se vê na rua.

Entre os homens figura Martin Sheen (nome verdadeiro, Estévez), um filho de galiciano que tomou o caminho de Hayworth.

Sem a sua aura de estrela, claro. Edward James Olmos, mais conhecido como o tenente Castillo da série *Miami Vice*, é um ator de peso e, versátil, é capaz, como J. Carrol Naish ou Akim Tamiroff nos anos 40, de fazer, de *ser* qualquer um. Basta vê-lo em *Blade Runner — Caçador de androides*, onde a última voz humana que se ouve é a dele, em sua fala premonitória: "É uma pena que ela vá morrer. Mas, afinal, quem não morre?"

Entre os atores hispânicos, a única estrela verdadeira (e ainda vai ser de primeira grandeza) é o único que não quer ser: quer ser um ator versátil, embora seja um ídolo, idolatrado por mulheres de toda parte como nenhum ator hispânico desde Ramón Novarro. Chama-se Andy García e, desde o seu traficante de drogas de *Morrer mil vezes* até o novo *Herói por acidente*, García (que nasceu em Havana e foi levado pelo pai para Miami quando tinha cinco anos) domina firmemente não só o inglês mas também o ferramental de ator para ser e fazer o que quiser. Como César Romero, é alto, moreno e simpático. Como Anthony Quinn, é um ator de alto nível e um profissional dedicado a atuar no cinema (assim como Quinn na pintura, García tem na música popular cubana seu *hobby* e sua obsessão). Como Montalbán, é leve e simpático quando quer, e dramático e também trágico quando pode. Neste momento, é o ator mais incensado pela imprensa dos Estados Unidos, da América do Sul e da Europa. Mas aquilo que Andy García mais deseja é ser ator em uma Cuba livre, como ele diz. Pelo andar da carruagem, ele vai acabar indo de Hollywood para a Havana de onde saiu.

Raul Juliá (este sobrenome os americanos converteram em nome, Julia) nasceu em Porto Rico em 1940 e — surpresa! — aprendeu inglês na idade adulta. Juliá vem da televisão e do teatro nova-iorquino, mas sua presença na tela desmente sua origem. Como García, Juliá deve o estrelato a Coppola, seu diretor numa comédia musical que fez muito barulho (e era cheia de ruídos agressivos), *O fundo do coração*, de fato excelente e, embora tenha protagonizado *O beijo da mulher aranha*, destacou-se mais como coadjuvante em *Acima de qualquer suspeita* e em *Havana*. Contudo, Juliá é descendente direto de José Ferrer nos anos 90.

Em Hollywood há artistas que de fato nunca estiveram lá, mas cuja presença no cinema americano foi sentida como se tivessem vivido lá toda a carreira. Refiro-me a grandes veteranos como Fernando Rey, famoso no mundo inteiro por seu *capo*, ao mesmo tempo um homem refinado, um *gourmet* e uma inteligência superior dedicada ao mal em *Operação França*, ou o rei Fernando em *1492 — A conquista do paraíso*. A outra presença está mais perto de nós: é o genuíno cubano que Antonio Banderas conseguiu compor, lutando com dignidade contra dois sotaques alheios em *Os reis do mambo*, que o transformou em ator internacional (agora ele é chileno em *A casa dos espíritos*) e num galã de futuro promissor. O mais influente dos artistas (pois é isto que foi) hispânicos contemporâneos de Cuba, da Espanha, foi o grande diretor de fotografia Néstor Almendros. Oscar em 1979, reconhecido em todo o mundo do cinema e cineasta integral, Almendros, porém, nunca pôde trabalhar em Hollywood por questões sindicais. Outro dos expoentes do cinema que jamais aparece na tela (embora sua obra seja das mais expostas) é John Alonzo, o extraordinário fotógrafo americano do Texas. Seu primeiro filme de fato, *Corrida contra o destino*, cujo roteiro escrevi, é, do ponto de vista visual, uma obra-prima. Francisco Day, que participou de *Corrida contra o destino* com um papel de protagonista oculto, é irmão de Gilbert Roland e um estrategista do cinema. Não estou ironizando. Day era o gerente de produção mais conceituado como criador de muitos dos diretores com que trabalhou na sombra. É fato sabido que em *Patton — rebelde ou herói?* ele venceu mais batalhas que o famoso general. Era Chico Day, sempre modesto, que buscava, selecionava e facilitava os escabrosos terrenos onde se rodava a ação. (E aqui é preciso acentuar a ação.) Ademais, era um genuíno mexicano que vivia em Hollywood desde 1922, exatamente o ano em que Blasco Ibáñez chegou ao cinema. Donde se conclui que todo movimento é circular, como o do filme na câmera e das fitas na bobina.

Não poderiam, não podem faltar nesta sumária relação os coadjuvantes hispânicos, mas há centenas. Desde Thomas Gomez, nos anos 40, até Hector Elizondo, nos 80, há entre eles atores muito melhores que as estrelas citadas. Vou escolher apenas dois, porque são típicos e ao mesmo tempo atípicos. Juano Hernández (nasceu em Porto Rico, em 1896, com o nome Huano García Hernández) foi no seu tempo o maior ator negro do cinema. Seu primeiro filme foi o melhor: *O mundo não perdoa*, baseado no romance *Intruder in the Dust*, de William Faulkner, onde fazia um negro altivo e bravo em pleno Sul racista. Hernández impressionou todo o mundo com seu domínio do inglês sulista. Este foi seu único papel principal, mas depois foi igualmente esplêndido como coadjuvante em *Êxito fugaz*, no papel do comovente trompetista mentor de Kirk Douglas, em *As aventuras de um jovem* e em *O homem do prego*, além de muitos, muitos outros. Juano Hernández comovia como raros atores.

Fortunio Bonanova (é inacreditável alguém ter semelhante nome, mas nasceu em Bonanova, Mallorca, e considerava-se o mais feliz dos ilhéus) faria 100 anos este ano de 1993. É deplorável ele ter morrido porque, com sua corpulência, seu otimismo capaz de vencer todo infortúnio e sua enorme simpatia catalã, dava gosto ver Bonanova no cinema. Cantor de ópera (era barítono), escritor, diretor de teatro, aos 21 anos de idade ele dirigiu e atuou numa montagem de *Don Juan* em Madrid. Antes dos 25 estava na Broadway, representando ao lado da famosa Katharine Cornell, e entrou em Hollywood pela porta da frente: estreou em *Cidadão Kane* no papel do professor de ópera da impossível soprano Susan Alexander, também chamada de Mrs. Kane. São muitos os filmes que abrilhantou só com uma ou duas cenas. Uma delas foi em *A morte num beijo*, em que fazia o melômano colecionador de discos raros de óperas raras, preciosas e inestimáveis obras-primas do *bel canto* que o sádico Ralph Meeker estilhaça uma a uma. Viveu outro momento brilhante numa paródia do Descobrimento da América, com música de Kurt Weill, em que faz — quem haveria de ser? — Cristóvão Colombo, sufocando o motim a bordo com seu canto à rainha Isabel para sobrepujar o clamor da turba amotinada: "Faz muito, muito que não tem sopa com pão/Faz muito, muito mais que não como macarrão."

Meu pobre texto não basta para que se veja (e ouça) a magnífica arte de Bonanova. Mas vou citar esse momento em que Orson Welles, como Charles Foster Kane, convence e vence Don Fortunio, professor de Ópera.

(Susan berra, Matisti toca piano. Kane está sentado ali perto.)
MATISTI: Impossível! Impossível!

KANE: Não lhe compete dar opinião a Mrs. Kane sobre seu talento. O senhor está aqui para ensinar. Só isso.
MATISTI: Mas é impossível. O mundo da ópera vai rir de mim. Mr. Kane, não sei como persuadi-lo.
KANE: Não há meio.
(Silêncio. Matisti não responde.)
KANE: Eu sabia que o senhor ia entender o meu ponto de vista.

É uma cena magistral não só porque Welles atua nela mas também porque nela está Bonanova: não poderia existir outro Matisti. Tomara que agora eu possa persuadi-los a ver na tela o meu ponto de vista.

Mais uma coisa. O Cristóvão Colombo de Fortunio Bonanova não descobre a América. Descobre Cuba.

Fortunio Bonanova!

É nome de cançoneta de Natal, canção matinal mexicana ou *jingle* radiofônico; é nome de noite de Natal, de Natal de centenário do cinema e próprio de Hollywood, esse mundo de fantasia povoado pelos melhores coadjuvantes jamais vistos. Entre eles, Fortunio Bonanova. Não existe nome próprio mais adequado ao Natal que Fortunio Bonanova: *jingle bell, jingle name*. Eu, que conheci o infortúnio, conheci também Fortunio Bonanova, ainda como pseudônimo. Teria gostado ainda mais de conhecer Fortunio Bonanova em pessoa. Devia ser tão feliz quanto Plácido Domingo, dois homens alegres com nomes sonoros como sinos. Coisa curiosa, Bonanova também era espanhol e cantor de ópera, e em espanhol cantava no chuveiro. Chuveiro dele, alegria nossa.

Com José Luis Rubio, crítico musical da ABC, que entende mais de música espanhola do que Falla porém nunca falha (embora desta vez tenha falhado; falhamos os dois), planejamos uma homenagem mais que merecida a Bonanova. Teria sido boa nova para Bonanova, embora ele já estivesse bem morto. Mas (esta palavra deita a perder os melhores planos) surgiu uma séria divergência em relação ao ano de nascimento dele. A enciclopédia de Katz, bíblia dos leigos em cinema, dizia que ele nascera em Palma de Mallorca. O que, dado o seu nome, era o indiscutível e indubitável local de nascimento. Mas (outro "mas") Katz também dizia que o nascimento ocorrera em 1893. Na Espanha, onde sabem em que ano Colombo descobriu a América mas não conseguem fixar uma data recente como 1893, existem autoridades dizendo que Bonanova nasceu em 1894 ou 1895. Era o que se chama em balística tiro de aproximação. E nós queríamos um tiro certo. Consequência: a homenagem gorou e ninguém celebrou o centenário da venturosa figura. Se quiserem, porém, e quiserem também um novíssimo Fortunio, vamos pensar na festa de Fortunio para o apagar das luzes deste ano. (É preciso dizer que em Mallorca, quando jovem, ele participou do encontro entre pessoas distantes onde brilhou um argentino imberbe chamado Borges.)

Graduado em Direito em Madri, frequentou o Real Conservatório e depois o conservatório musical parisiense. Aos 17 anos começou uma carreira na ópera, não como Carreras, que é tenor, mas como barítono. Aparece na Ópera de Paris e reaparece por toda a América do Sul. Mas pouco depois, aos 21 anos, descobre sua vocação e produz, dirige e protagoniza uma versão de *Don Juan* para o cinema. Depois (como?) chega à Broadway e estreia com a grande Katharine Cornell. Sabendo que só se podia debutar com ela uma vez na vida, vai a Hollywood e, em 1938, faz *Tropic Holiday*. Mesmo assim, some dos elencos para reaparecer, glorioso, em *Cidadão Kane*, onde — prodígio! — é o único ator capaz de roubar cenas do próprio Orson Welles, que é diabólico e mais que o Diabo sabe onde posicionar a câmera.

Embora esteja memorável — Fortunio é sempre memorável, até em filmes que não mereciam seu talento — em *Por quem os sinos dobram*, *Cinco covas no Egito* (para Billy Wilder), *Pacto de sangue* (também para Wilder), *O bom pastor*, *Domínio dos bárbaros* (John Ford), *A ladra* (Otto Preminger), *Ingênua até certo ponto* (também para Preminger; um Otto que vale por oito), sua obra-prima como coadjuvante é *A morte num beijo*, para Robert Aldrich e para a memória do cinema. Ele é o velho barítono que ama tanto a ópera que faz duo com o disco que escuta. Quando o cruel Mike Hammer tenta arrancar alguma coisa dele (tipo um endereço vital) e decide torturá-lo, basta quebrar um disco. Um disco de sua coleção de Caruso. Peça de colecionador. Antes de receber a visita do Mal em nome do Bem, o grande Bonanova exclama, em espanhol: "O Grande Caruso!"

Sua participação realmente sem par ocorre em *Cidadão Kane*, como o professor de canto contratado pelo sarcástico magnata para ensinar canto lírico a sua amante. Mas Bonanova ama mais o canto, que para ele é sempre o *bel canto*.

O todo-poderoso Kane, Orson ator, Welles diretor, todos desapareceram. O fiasco da Senhora Kane em sua noite na ópera é o triunfo de Fortunio Bonanova, tão memorável nestas sequências centrais de *Cidadão Kane* quanto Orson Welles e seu arsenal histriônico. Não será isso, como diz Shakespeare, um golpe de misericórdia, um golpe palpável? Um afortunado bonanovado. Creio que sim, claro que sim. Foi a única vez que alguém fez sombra ao sol de Orson Welles.

Mas seu momento culminante ocorrerá cinco anos depois, em 1945, com *Fantasia musical*, seu canto de cisne. É um filme de histórias sobre a história. Mas o único momento artístico é aquele em que Cristóvão Colombo se depara com sua nêmesis marinha: o motim a bordo. A música é de Kurt Weill e a letra de Ira Gershwin, mas a melhor parte é, claro, a de Fortunio Bonanova, cantando e representando o papel (quase molhado) de Colombo. É, *tem* que ser o melhor Colombo do cinema. Fortunio não faz Colombo, ele *é* Colombo, e Bonanova canta e encanta.

Levei esse esplêndido fragmento ao exclusivo festival de cinema de Telluride, no Colorado, e foi o sucesso do evento. Tive que repetir cinco vezes cinco para um público de cineastas, atores e entendidos. Foi o momento maravilhoso de Fortunio Bonanova, que encanta além da morte, mas não do esquecimento. Dentro de segundos exibi-lo-ei de novo, gratuitamente, a meus leitores. Para que ouçam a sua voz de barítono a bordo da caravela *Inmortalidad*.

Ave Félix

Como Afrodite, María Félix surgiu (no mês de abril) já mulher feita. Um de seus dons é sempre ter sido mulher; ninguém jamais lembra dela como uma mocinha, nem como aquela adolescente alta. Enquanto isso as outras deusas do cinema, versões de Vênus desabrochadas entre ondas de celuloide, como Greta Garbo e Marlene Dietrich, nunca foram mulheres completas. Anos após seu mítico batismo, por exemplo, a Garbo, em *Grande Hotel*, ainda era uma trêmula menina neurótica, uma bailarina patética. A Dietrich, em sua decisiva embora duvidosa estreia em *O anjo azul*, era uma púbere pervertida. Já María Félix sempre foi mulher. Até os manuais americanos de cinema a definem como "atriz mexicana de personalidade forte". Isso em livros americanos, mas eu poderia falar em histórias inglesas, e acontece que nem em Hollywood nem no resto do mundo se compreendeu a personalidade de María Félix. Ela não era uma versão mexicana malcriada da megera domada, nem uma bela e fria máscara revestida de pele acobreada, nem uma índia apática. Para mencionar apenas três estrelas internacionais mexicanas, é preciso dizer que María sempre foi a sua própria senhora e seu caráter jamais lhe permitiu rebaixar-se ao nível de moça submissa. Anos antes do *Women's Lib*, agora em moda, María Félix já era uma mulher não só liberada mas também dona do próprio destino — e, por vezes, do destino dos homens que se atreviam a cruzar o seu caminho no cinema. Eu disse dona assim de passagem, porém muitos mexicanos sempre a chamam La Doña.

Nos seus filmes ela frequentemente dá as ordens, às vezes de maus modos. Em *Doña Bárbara* compõe, com beleza e nitidez, a personagem de papelão criada por Rómulo Gallegos. Em outro filme é a dona absoluta. Ainda em outro, em que se considera traída pelo homem a quem ama, ela o rejeita quando ele volta arrependido: "De hoje em diante serei Doña Diabla!" É preciso dizer que em todas estas cenas María Félix sempre foi jovem e bela, uma criatura fascinante não só por seus mistérios mas também por suas revelações: a face exibe o caráter de uma deusa implacável como a Diana que, surpreendida ao se banhar na mata por um incauto caçador de imagens, o mata com seus próprios cães — quem dá a ordem é a divindade nua. María Félix era temível, e apaixonada seu amor não era menos temível que seu ódio; diante de seu ciúme, Otelo é um mouro retardado.

Esta menção ao cauto ciumento, enganado não pela mulher mas por seu homem de confiança, estabelece um paralelo que vem a calhar. Embora o próprio Shakespeare afirme que "o venenoso berro da mulher ciumenta é peçonha mais letal que o dente do cão raivoso", de algum modo o ciúme de María Félix sempre foi, à mexicana, muito macho. Quando se pensa nas duas outras mulheres verdadeiramente belas do século XX, María Félix é a única que, abandonada em uma ilha deserta, seria uma verdadeira Robinsona, capaz não só de sobreviver e reconstruir a sua civilização com dedicada e delicada minúcia, mas também de rejeitar Sexta-Feira como supérfluo e exterminar todos os canibais com seu ódio arrasador. Faz pensar numa beleza semelhante, embora singular, a Hedy Lamarr bicultural, de rosto perfeitamente oval, pele pálida e cabelo preto repartido ao meio para acentuar a simetria com um centro exato. Mas seus belos olhos são azuis, incapazes de atear o fogo e o fervor da Félix. A Lamarr teria sido estuprada por Sexta-Feira, e os canibais regalar-se-iam com aquele petisco vienense. Marlene Dietrich, que tinha vontade erótica em *O anjo azul*, e em *Atire a primeira pedra* um caráter ardente, apesar do sardônico sorriso, do esgar de loura, foi reduzida por Von Sternberg a um enfeite: um objeto original e sugestivo. Era capaz de todas as versões e perversões de uma paixão. Mas a despeito também de uma beleza persistente, quando a conheci em 1957, em público, submetia-se voluntariamente a Von Sternberg, seu descobridor e mestre construtor, e deixou claro que ele não mentia — era ele quem tinha inventado Marlene, mulher e mito. Ela parecia quase uma boneca animada por uma parceria dos inventores dementes Spalanzani e Coppelius, bela mas dependente, e foi comovente sua famosa exclamação, proferida meio a sério meio de brincadeira, durante uma filmagem infeliz: "Joe, onde é que você está?" Clamava por Joseph von Sternberg, ausente. Alguém pode imaginar María Félix suplicando *"Indio, dónde estás?"* e implorando o desumano regresso de um Emilio Fernández empanturrado de tortilha e tequila? Se a alguém essa comparação parece exagerada, já que limitada a três estrelas do cinema, é porque, à parte (por ordem de idade) Greta Garbo, Marlene Dietrich e Hedy Lamarr, eu não vejo na tela beleza à altura de María Félix. Parodiando Norma Desmond (Gloria Swanson) de *Crepúsculo dos deuses* e vendo tanta estrelinha na tela da televisão, é preciso dizer: "Não é que a tela tenha encolhido as estrelas. É que antes as estrelas eram maiores." María Félix, é bom lembrar, é grande entre as maiores.

Sua beleza era original. Embora se tenham feito muitos fac-símiles, María Félix, quando surgiu, já não se parecia com ninguém. Era de esperar-se a macia pele morena, mas não o rosto longo e no entanto simétrico e rematado num queixo perfeito. Não um rosto largo, de maçãs grandes; eram maçãs adequadas e salientes, a postos para emoldurar, juntamente com as sobrancelhas, os grandes olhos negros. A boca não era mexicana, tinha lábios longos, quase retos e cheios, lábios de manequim. Não era a esperada máscara asteca da Cidade do México nem de um museu antropológico. Sua beleza não podia ser mais original. Não se explica dizendo só que as mulheres do Norte são assim (María Félix nasceu em Sonora). Seria como dizer que Greta Garbo é bela porque nasceu na Suécia. Já vi muitas suecas, muitas atrizes suecas, e nenhuma, nem Ingrid Bergman, se aproxima de Greta Garbo na receita de beleza que é uma máscara de mistério atrás da qual se esconde um enigma. Morena, María Félix é esse tipo de beleza. A única beleza do cinema que para mim proporciona um prazer maior chama-se Louise Brooks. Mas esta é um mistério exposto: seu rosto oculta o que mostra — a mais imediata realidade animal sob uma aparência sociável (a seda, o cabelo pajem equívoco, a boca sem ambiguidade). Por trás dessa máscara transparente soa a voz do sexo. Louise Brooks é o sexo: nu, direto, perverso. Em María Félix não se acha necessariamente sexo, e sim um animal civilizado mas indomado que aflora em seus contatos comerciais, amorosos, familiares. Um animal social mas perigoso.

É tudo isso que torna original María Félix. Ela é seu próprio padrão de beleza, só se pode compará-la a ela mesma. Sua *gestalt* decompõe-se na longa cabeleira ondulada, no queixo dividido e nos olhos onde dança uma chispa: — a dança do fogo-fátuo; aí brilha viva, já não está, reaparece. No cinema poucos olhos atingem esse esplendor visível até nas fotos. Penso na jovem Vivien Leigh, em Susan Hayward e às vezes em Silvana Mangano. Vivien Leigh conseguiu esse olhar com uma profunda neurose, mas Susan Hayward e a primeira Silvana Mangano pareciam discípulas de María Félix. No cinema mexicano houve uma legião, atrizes belas como María Elena Marqués e Elsa Aguirre; nenhuma existiria sem o original, María Félix. Até o ondulado da belíssima Elsa Aguirre surgia da cabeça da Félix. É possível que Silvana Mangano, momentaneamente, soubesse quem era María Félix e, apaixonada por essa beleza, decidisse imitá-la. Talvez seja discutível se Susan Hayward copiava em suas mechas rubras o ar indomável de Maria Félix. Ao argumento de que Susan Hayward estava no cinema muito antes de surgir María, pode-se contestar que Joan Crawford, por exemplo, estava no cinema antes de Hedy Lamarr, o que não a impediu de copiá-la numa fase da carreira. Da mesma forma, Vivien Leigh imitou o cabelo de asa de corvo partido ao meio e as negras ondas caindo em torno do rosto, menos perfeito que o imitado, de Hedy Lamarr. Outra imitação perfeitamente comprovável partiu de uma das mulheres mais belas de Hollywood e estrela durante décadas, que prosseguiu no cinema depois que María Félix se retirou. Essa imitadora chama-se Ava Gardner.

Eu vi todos os filmes de María Félix desde *El Peñon de las Ánimas*, este casualmente, até a sua despedida. Jamais esqueci seu rosto, nem seus braços delgados, nem suas pernas, nem esse corpo que, quando raras atrizes faziam isso, despiu-se em *French Cancan*, onde Jean Renoir soube apreciar aquilo que Buñuel, cego para a beleza, não viu. De modo menos íntimo que minha cópia de Ava Gardner, eu conheci o original, em 1956. Não houve um *tête à tête* indiscreto porque eu, de passagem por Havana, estava entrevistando María Félix. O diretor da revista *Carteles* aconselhou-me a evitar as mãos de María Félix, que seriam feias. Lembro que eu não parava de olhar para aquelas mãos, tão fascinado por elas quanto por seu rosto e por sua voz baixa, grave, de segredo ainda não revelado para o cinema. Para mim eram lindas as mãos dela. Talvez não fossem fotogênicas, mas eram como as mãos de Rita Hayworth, como as amáveis garras de uma ave de rapina, potencialmente perigosas, hostis até quando paradas, talvez terríveis quando desdobradas para agarrar. A voz velada de sombra de María Félix revelou seu verdadeiro segredo: a estrela era não apenas uma atriz, mas também uma mulher inteligente, que respondia a minhas perguntas com extrema seriedade e atenção e sem sombra de sorriso diante do que devia ser um questionário digno de questionamento. Atento às mãos e à voz e ao rosto de uma beleza inescrutável, eu esquecera que a esfinge carecia de senso de humor. Greta Garbo também. E Hedy Lamarr. A beleza não traduz sentimentos: por isso é que se impõe e cativa e se torna memorável, como uma imagem.

María Félix se deixou pintar entre véus por Diego Rivera, um dos mais feios homens da história da pintura. No retrato, fiel amostra prévia de uma cena que faria nua no cinema e idealização da carne de María como alma solitária, Rivera realizou a sua obra-prima: seu único quadro que é belo. Não me escapa o fato de que, com sua presença, María Félix deixa de ser modelo, objeto a ser pintado, para ser sujeito do quadro. Certa vez Agustín Lara, na época o homem mais feio do México, compôs em homenagem a María Félix uma valsa que, ritmada e melodiosa, oscilava entre Johann Strauss e Richard Strauss. Chamava-se "María Bonita" e Lara, consumado compositor de canções, romântico incurável, tuberculoso crônico, criou uma encantadora toada que muita gente cantava e alguns dançavam. María Félix divorciou-se de Agustín Lara para casar-se com o cantor Jorge Negrete, um terrível alcoólatra. Este casamento acabou com a morte dele, e María enviuvou pela primeira vez. Lara morreu frustrado porque María Bonita não se encerrou eternamente em sua valsa venérea e Jorge Negrete morreu em *delirium tremens*, enquanto María Félix ia à Europa a fim de procurar a própria imagem, buscar um par e transformar-se em *A Bela Otero* no cinema: duas lendas superpostas. Ela foi também uma das raras belezas captadas por Renoir filho, um dos mais feios homens do cinema. María Félix retirou-se do cinema e agora é vista às vezes numa plateia de Longchamp, atenta ao trote de um potro, ao galope de um cavalo, a essa égua singular que venceu a sétima corrida; o ruído dos cascos emociona-a mais que o aplauso. Sabe-se que se casou outra vez e está viúva de novo — nunca alegre, sempre dramática —, e que vive entre Paris e México e é capaz de trocar joias por um potrinho com jeito de puro-sangue. Confidencialmente, alguém me disse que ela ainda é bela. Eu respondi que "ainda" é uma palavra que não faz justiça a María Félix, eterna como Vênus e que é beleza e amor: beleza dela, amor nosso. Sei que agora vão lhe fazer uma homenagem em Huelva, não longe de Palos de Moguer, onde o Grande Almirante deu início a tudo fazendo-se ao mar e a partir de onde se descobriu outra ilha grande, que corresponde geograficamente à Inglaterra, onde eu agora vivo, de onde saiu Hernán Cortés para conhecer uma beleza índia chamada Malinche e juntos tornarem possível o moderno México. Por sua vez, os irmãos Lumière tornaram possível o cinema mexicano, e o México tornou possível María Félix, e a união do cinema com seu rosto criou por sua vez o mito da beleza imorredoura, de alguém que é algo mais do que María Bonita: é María la Bella.

Com estas páginas quero manifestar a minha gratidão pelo prazer com que María Félix me brindou, sem nada me pedir em troca. Este artigo junta-se aos vários tributos que outros homens, de várias maneiras, prestaram a sua pessoa. O que nos une é só a feiura (a minha) e a beleza (dela).

NEM FLOR NEM COROA

Não confundir *La Corona Negra* com *La Corona de Hierro*, nem com *Las Joyas de la Corona* nem com *Corona de Espinas* — nem, claro, com La Corona, cerveja clara de garrafa escura. Nossa *Corona* foi escrita, parece, por Jean Cocteau. Mas de Cocteau só se vê a frase de um epitáfio que fala de coroas e abutres, todos pretos — e fúnebres. Os abutres seriam o *leitmotiv* visual e, hostis, ocorrem e ressurgem para acossar a protagonista em busca de carne viva. De Cocteau restam, como despojos, uns braços carnudos que surgem do deserto, num lembrete rancoroso de *A bela e a fera*, e o herói que, isto é um modo de dizer, se olha no espelho como para relembrar o *Orfeu*. Assim, Cocteau proferiu um epigrama filosófico: "A morte sempre vem pelo espelho." Mas as artes (e as partes) de Cocteau eram muitas vezes um jogo de derivações. Cinquenta e cinco anos antes, Oscar Wilde tinha dito em *Salomé*: "Não adianta olhar para o espelho, espelho só mostra máscara." Talvez se referindo aos espectadores de *La Corona*, Cocteau escreveu *A Friend Sleeps*. Os inimigos também dormem, creio eu.

Em *La Corona* há, tinha de haver, espelhos: e o espelho é, exatamente, causa de sorte e de morte. Para que o feitiço do chicote cause o malefício, porém, é preciso jogar água fervente no vidro. Se o espelho se partir, a morte é certa e penosa. A morte, que sempre chega pelo espelho escuro, desta vez traz água clara. Mas não há espelho ou vidro frágil que resista a uma panela d'água a 100 graus. O espelho estilhaça-se e começa o incerto malefício.

Narrar o argumento de *La Corona Negra* é chover no molhado. Mas há, sim, ai!, suas derivações: esses braços de camponês que assediam a heroína. Eles surgem da ofuscante areia branca, do mesmo modo que saíram das paredes negras do suntuoso palácio da Fera encarnada por Jean Marais. Lá eram fascinantes lâmpadas humanas, aqui o efeito é grosseiro, canhestro, absurdo.

Os pedaços de braço pertencem com certeza a mineiros do deserto que não percebem serem restos de *corpore sepulto*. Na África o surrealismo, como o avestruz, é altamente contagioso.

O diretor desse tenebroso melodrama de espelhos é Luis Saslavski, o mais prestigiado diretor argentino de seu tempo. Segundo uma rancorosa nota da imprensa da época, foi o primeiro diretor da Argentina a "transpor os umbrais de Hollywood", embora ele tenha sido "chamado em 1941 para dirigir um frustrado *remake* de sua *Historia de una Noche*". "Frustrado *remake*" é, como diria Polônio, uma frase maldosa. Mas Saslavsky teve o raro privilégio de dirigir as duas mulheres mais belas do cinema espanhol — talvez do cinema, *tout court*: Dolores del Río e María Félix. De algum modo — no tempo, mas não no espaço — partilhou Dolores com Orson Welles e John Ford. A outra versão de Vênus, María, aliás *la Doña*, aliás Ave Félix, é o que salva *La Corona Negra* de um tédio vasto e persistente como o deserto. Cesáreo González, seu incompreensível produtor, fez naufragar o seu barco espanhol entre sotaques salientes.

A aparição (foi isso que foi) de María Félix como uma Afrodite na África vale a pena, ou melhor, condena-a a ver o lufa-lufa de Rossano Brazzi e Vittorio Gassman em seu insistente e ridículo pugilato. Aí María está mais bela que nunca, informo eu. Mais esbelta que em *French Cancan*, da mesma época, e onde Jean Renoir, para mostrar que era filho de seu pai, mostrou seu busto (o de María) a fim de revelar os seios sensuais e secretos e provar que no cinema, em todo o cinema, ela não tem rival, fora Hedy Lamarr. Mas Lamarr é branca e branda, enquanto María expõe uma mestiçagem que é ideal porque é perfeita. Cocteau cunhou um dito que parecia feito pra María Félix: "Os privilégios da beleza são imensos." Em *La Corona* a presença dela é privilégio nosso. Mas ela, fatal final, mostra que toda beleza é terrível. É o ódio, e não o amor, sua retribuição pela beleza que esteve a pique de perder com a morte. Aparentemente esmagada pelos homens, ela domina todo o filme com sua beleza distante, com ajuda de um chador negro que, como disse o poeta Santos, é "a mortalha da beleza que o céu não amortalhou".

Jaime Soriano, inventor da "cápsula crítica", declarou uma vez que é tão difícil fazer um mau filme como um filme bom. Com o tempo, essa cápsula relativa transformou-se em verdade absoluta.

Biografias Íntimas

Até quando, Catalina?

Katharine Hepburn (uma Catalina que os amigos chamavam de Kate) foi, durante mais de sessenta anos, uma das atrizes mais conhecidas em toda parte e, com exceção de Greta Garbo, talvez a mais intrigante. A despeito de várias biografias (a primeira escrita por seu íntimo amigo, Garson Kanin, que também escreveu dois de seus grandes sucessos) e pelo menos duas autobiografias, uma delas intitulada *Eu*, o que é típico, tudo dito e tudo escrito ela ainda é um pequeno enigma.

Em sua última biografia ela é apresentada por Barbara Leaming, também biógrafa de Orson Welles e Bette Davis, como uma mulher sofrida em seus envolvimentos amorosos com um psicopata, um abusivo e um ébrio irrecuperável — respectivamente Howard Hughes, John Ford e Spencer Tracy. Apesar dos disfarces que ela usava em público. Ao que parece, porém, foi Hepburn que foi atrás desses renitentes personagens, e não o contrário, como se acreditava. A história de seus amores pode ser lida como um caso clínico de masoquismo. Esse termo foi definido pela primeira vez por Krafft-Ebing como uma "perversão específica" por força da qual "as vítimas se deixam dominar por emoções sexuais... como que subjugadas pelo desejo de uma pessoa do outro sexo". É significativo, porém, que em sua *Psicopathia sexualis*, magistral análise do sexo, Krafft-Ebing acrescente: "Esse comportamento mórbido é colorido pelo prazer."

No caso de Katharine Hepburn esses traços sexuais patológicos eram agravados pelo fato social de que ela sempre se apaixonava por homens que não podiam ou não queriam se casar com ela. Ela se conformava com a posição de amante, submetia-se a uma situação de inferioridade. No caso de seu último amante, Spencer Tracy, não podia sequer ficar com ele a sós e, quando conseguiam passar uma noite juntos, ela dormia num colchonete no chão! Romântico, ou simplesmente traumático? Se ele jogasse um pedaço de pau para ela ir apanhar e na volta ser autorizada a se agarrar com ele, ela iria abanando o seu rabinho ancestral. A isso Krafft-Ebing chama escravidão humana. Portanto, é uma ironia essa atriz ter-se especializado no papel da mulher independente, até da feminista, como em *A mulher do dia*, o filme que primeiro a uniu a Spencer Tracy.

Antes, porém, Hepburn era uma atriz encantadora, bem qualificada como "obstinada e expressiva" — embora já viesse perdendo força. Então ela pensava que o auge de sua carreira era *Mary Stuart, rainha da Escócia*, onde, como disse Dorothy Parker, "ela percorria toda a gama da representação, de A a Z". Foi esta a única vez que trabalhou com John Ford, cuja técnica favorita como diretor consistia em insultar o elenco e a equipe técnica. Ford filmava com ajuda de um pelotão de fuzilamento, e seu paredão era o deserto. Num mau dia durante a filmagem de *No tempo das diligências*, Ford já tinha humilhado quase todo o mundo, só faltava Thomas Mitchell. Quando tentou, o veterano ator revidou com uma frase: "Mr. Ford, eu vi *Mary Stuart, rainha da Escócia*." Ford continuou a dirigi-lo, mas não tornou a dirigir-lhe a palavra.

Agressiva como Bette Davis e franca como Dietrich, Hepburn era arrasadora. Quando era boa era insuperável, como em *Quando o coração floresce*, de David Lean. Mas quando estava mal, como em *Assim amam as mulheres* ou *Vivendo em dúvida* (sem falar em *Mary Stuart*), era de rilhar os dentes. Assim, não tardou a ser tachada de veneno de bilheteria. Tinha elaborado um método de representar cantando que era mesmo odioso. Tudo isto sumiu, como por artes mágicas, quando iniciou a parceria com Spencer Tracy, no começo dos anos 40. Antes ela havia cometido o erro de todos os atores da época (pelo menos os que se consideravam — ai! — intelectuais da costa Leste): louvar o teatro e insultar Hollywood, que seria não a meca do cinema mas uma fábrica de filmes. Basta uma vista d'olhos às obras da Broadway em cartaz naquela época para ver que a maioria — tanto texto quanto atuação — eram mediocridades que posavam de alta cultura e não eram sequer alta costura.

Mas algo de bom sucedeu: Katharine Hepburn encontrou Spencer Tracy e fizeram um filme juntos. O encontro foi quase um filme bonito, tal qual como concebido por um roteirista de Hollywood. Diz Leaming: "Falava-se muito de Tracy no círculo de Ford [...] mas Kate nunca o havia encontrado. Aconteceu agora, do lado de fora do edifício Thalberg, da Metro." Foi casual: ela ia saindo e Tracy entrando com Mankiewicz (diretor de *A malvada*, então produtor) de volta do almoço. Iam trabalhar juntos em *A mulher do dia*. Hepburn viu que em pessoa Tracy não era tão alto como na tela (ninguém é).

— Mr. Tracy — disse ela —, acho que o senhor vai ficar pequeno para mim.

— Não se preocupe — riu Mankiewicz, — ele corta você na medida.

Tracy, que muitas vezes era lento, embora alegre, falou depois que Hepburn se afastou:

— Eu não quero mais ver essa mulher. Nunca.

Tracy e Hepburn não pararam de se ver até o dia em que ele morreu. Ou seja, de 1942 a 1967. Juntos fizeram outros filmes. Hepburn, sempre sabichona, fez este comentário sobre a dupla de dançarinos Ginger Rogers e Fred Astaire: "Ela deu sexo a ele, ele deu estilo a ela." Da dupla de atores pode-se dizer que ela deu algum estilo a ele e ele deu humanidade a ela. (Em outras palavras, sem mais *Mary Stuart*). Mas esse livro prova que Spencer Tracy era não só o melhor ator da dupla mas também a pessoa mais interessante. Veja: sua verdadeira personalidade, o alcoólatra doentio e incurável, era totalmente distinta do homem que vemos na tela. Como ator, ele sempre projetou estabilidade emocional, saúde mental, serenidade. Tudo o oposto da vida real.

Barbara Leaming, porém, pinta Hepburn como uma alma sofrida, espécie de freira laica, estoica como uma madre Teresa com sotaque nobre. Ela é uma atriz, nem mais nem menos, e do que a biografia menos fala é de atuação. O que Katharine Hepburn alcançou está enlatado: rolos de filme, não histórias pesadas. É apresentada como um caso de masoquismo, porém no fim do livro, a menos que seja Van Gogh, o leitor está até as orelhas de tanta miséria humana. Acontece que Sade provou em seus livros que o masoquismo pode ser tão chato quanto o sadismo: depois da primeira chicotada, tudo perde a graça. Hepburn sofre nas mãos cruéis de Tracy como uma cadela fiel: senta-se aos pés dele, cuida dele e mima-o quando está doente (leia-se "de ressaca"), massageia o seu ego sem parar e diz coisas como "Ele não é mesmo grande? É colossal! Um expoente!" E a única retribuição é rejeição, insulto e castigo. Mas, um momento: esse rebaixar-se não é uma forma sutil de controlar?

Em Cuba houve um momento revelador quando Tracy filmava *O velho e o mar* numa praia perto de Havana. A Warner encarregou um cubano competente chamado Guido Álvarez de acompanhar (vigiar) Tracy. Sua tarefa específica era afastar Tracy do uísque. Tracy tinha jurado por seu contrato não tocar em uísque enquanto estivesse em Cuba. Cumpriu a palavra, não tocou numa gota de uísque — mas se embebedava com Dubonnet. Um dia Katharine Hepburn chegou de Los Angeles, foi àquela praia, abriu as portas do bangalô, entrou e disse a ele, já bêbado, três palavras: "Spencer, estou aqui." Spencer Tracy não tornou a tocar em Dubonnet.

É virtualmente (este advérbio deriva de "virtude") impossível escrever a biografia equilibrada de uma mulher contraditória, a ponto de tomar seis banhos por dia e viver de unha sebenta. Mas de certa forma Leaming cumpriu sua missão. Ela as arranja para escrever biografias não autorizadas que ninguém contesta mas parecem propaganda do biografado. Como já havia acontecido com outra biografia, em que Orson Welles dava um jeito pra falar com voz de mulher. Neste livro, Katharine Hepburn parecia atacada da *folie de grand dame* quando, ao terminar a filmagem de *De repente, no último verão*, ela se aproximou subitamente do diretor Joseph Mankiewicz e cuspiu-lhe na cara. Teria feito isso porque ele a apresentou a Spencer Tracy? Mais pequena que gentil, Barbara Leaming não explica.

Plutarco, o mais importante biógrafo da antiguidade, apoiava-se mais na intriga do que nas datas. A biografia de Katharine Hepburn, que amou John Ford e Spencer Tracy, católicos casados até que a morte os separe, é a história de uma viúva paralela.

Marlene Conta o Tango

Marlene (vocês me perdoam a liberdade de chamá-la assim?) foi um símbolo capaz de superar sua pessoa — que era meio máscara meio franqueza excessiva. Embora praticamente inventada por um diretor, Joseph von Sternberg, que por sua vez tinha inventado a si mesmo: até seu nome era artificial. Chamava-se originalmente Joe Stern e era um judeu que se apossou de um nome nobre e depois, bem a propósito, foi apelidado em Hollywood de "o *von*". Com ele, sob seu comando, Marlene assumiu um papel num de seus filmes e transformou-se numa Vênus loura (este, o nome do filme). Virou um símbolo para o olho pagão e, como uma Vênus envolta em peles, nasceu do mar decadente que era Berlim, em 1929, em *O anjo azul*. Von Sternberg pespegou-lhe outro nome, Lola-Lola, tirado de *A caixa de Pandora*, de sua protagonista Lulu, mas declarou que a moldara conforme sua imagem de falsa *Frau*. Os franceses, que sempre admiraram Sacher-Masoch, inventor do masoquismo, a chamaram de *femme fatale*: uma mulher de sexualidade irresistível, que levava os homens à perdição. Von Sternberg fez essa declaração de princípios como fins em *Diversão na lavanderia chinesa*, sua autobiografia, tão idiossincrática quanto a de Marlene, cujo subtítulo é "Minha Vida".

Esta não era sua primeira autobiografia. Outros homens já haviam redigido por ela. Em sua vida, longa (nasceu em 1901) e venturosa (para não dizer aventureira), foi sujeito e objeto de mais de uma, que ela sequer recorda haver autorizado. No começo (do seu livro, não de sua vida) declara que "resolvi escrever a fim de esclarecer muitos equívocos". Surpreendente declaração partindo de uma mulher que sempre foi toda equívocos. Bissexual declarada, teve amantes homens, quase sempre atores (Gary Cooper, Jean Gabin, Erich Maria Remarque, este um escritor que parecia ator), e arranjos homossexuais. Já antes de *O anjo azul* era notório nos teatros de Berlim seu gosto pela cunilíngua com as companheiras de elenco entre uma cena e outra. Muitos anos mais tarde, sua filha Maria acusou-a de sair num iate com uma amante e deixá-la com uma babá lésbica, que a violou. Agora Maria afirma que a mãe sabia das tendências lésbicas da babá e que isso a divertia. Marlene enfrentou essas revelações com o sorriso habitual, entre cínico e divertido. Como sua pessoa na vida não era diferente de suas personagens no cinema, Marlene jamais sofreu desfeita, nem por parte das colegas nem dos fãs. Ela é que aprontou das suas.

No afetuoso retrato (tinha de ser para o cinema) que o ator e diretor Maximilian Schell fez de Marlene como menina vitoriana, ela era ouvida mas não vista. Pela primeira vez na vida, Marlene estava com medo da câmera e manteve-se na obscuridade. Assim ela é mostrada ao leitor dessa autobiografia fraudulenta. São tantos os buracos negros na nebulosa dessa estrela, fugidia embora não fugaz, que ninguém lembra a velha afirmação de que Marlene se chamou realmente María Magdalena von Losch, embora Dietrich seja seu nome verdadeiro. Marlene é uma mistura de dois nomes bíblicos, adequados a uma atriz que no cinema foi santa e puta — e às vezes as duas coisas no mesmo filme, como em *A Vênus loura*. Os franceses têm uma frase para ela (eles têm frase para tudo), e foi Jean Cocteau que a cunhou: "Seu nome começa com um afago e acaba em chicotada."

No começo do livro Marlene dedica-se a dissipar velhos mitos seus, e em seguida passa a criar outros — tarefa que leva a cabo já quase aos noventa anos. Diz ela: "Ao começar este livro resolvi relatar os acontecimentos essenciais de minha vida e minha carreira." Antes de mais nada, fala de Von Sternberg. Conta que uma vez disse a ele, ao *Von*: "Você é Svengali e eu Trilby." De fato Von Sternberg foi muito mais. Foi seu Cristóvão Colombo (ele a descobriu como a uma América alemã), seu venerado Vespúcio (deu-lhe o nome para o cinema e para o mundo), seu mago Magalhães (viajou ao redor dela com sua câmera). Diz ela: "Ele foi o melhor câmera que o mundo já viu." E muito, muito mais. Foi o próprio Von Sternberg que exclamou: "*Ich bin Marlene.*" Que se pode traduzir como "Eu sou Marlene" ou, melhor, Marlene sou eu. Diz a lenda que, quando ela fez o primeiro filme sem Von Sternberg, gritava desesperada: "Jo! Jo! Onde é que você está quando eu mais preciso de você?"

Agora que já é uma anciã ela recorda com mais sabedoria aquilo que jamais foi. Em vez de Von Sternberg, morto há tempos, tem por mestre Jo(hann) Goethe. Em vez de ouvir o *cant* do cinema, lê Kant. Em vez da publicidade, enfronha-se na literatura. Mas conclui que não há lógica na lógica: "Não é atividade feminina." Por vezes Marlene apresenta-se como uma mulher frágil, outras como uma virago loura: a primeira mulher macha de Hollywood. Em casa usava pijama. Com calças, mas sem *panties* — calcinhas, braguilha. Como mulher, era muito homem. Filha de um oficial alemão morto na Grande Guerra, disse não aos convites de Goebbels, que lhe prometia um papel de destaque na máquina de propaganda do Führer. *Nein*, disse ela duas vezes, e percorreu as frentes de combate europeias para divertir as tropas americanas perto das linhas alemãs. O primeiro exigiu bravura, o segundo foi só arriscado: Hitler declarou-a traidora reincidente. Mas ela sempre foi tão alemã como o *sauerkraut*, e foi Kraut que a chamou o seu íntimo amigo Ernest Hemingway, a quem ela, muito mais velha, chamava Papa. No livro ela tem o cuidado de advertir que Papa era seu amor, não seu amante. Como disse outra Vênus loura, Mae West, não eram os homens que contavam em sua vida, era sua vida que contava para os homens.

Loura e musical, Marlene não foi um canário porque jamais cantou numa gaiola. Em cada filme que fazia, o que cantava eram cantos pecaminosos, uma versão feminina de Salomão: seu cântico dos cânticos eram canções lúbricas. Em *O anjo azul*, ela cantou: "*Ich bin die fesche Lola*". (Por favor, traduza você. Para mim é demais.) Em seu último filme ela canta e faz David Bowie cantar "Just a Gigolo". Diz o *Collins*: "*Gigoló n. Hombre mantenido por una mujer, sobre todo ya maior*".

Von Sternberg nos fez saber que Marlene era capaz de cantar, e o leitor das memórias de Marlene fica a par de que em menina ela foi extraordinária no piano e no violino, e que muito jovem acariciou (entre outras coisas) a ideia de uma carreira de concertista. Seu professor de música era o Doutor Fleisch, que quer dizer carne, nome do que estava por vir: todos os seus filmes falam da carne, e não é bem a bifes que se referem. Mas saber do violino, e do piano, e do Dr. Fleisch é como ouvir dizer que Greta Garbo tocava saxofone. De fato uma Greta atriz aspirante e uma Marlene desconhecida estiveram brevemente juntas num filme alemão, *Rua das lágrimas* — sem alegria mas com alergia, como escreveu alguém. Garbo era a segunda do elenco, Marlene uma figurante. Anos mais tarde, as posições inverteram-se: Marlene estava cada vez mais famosa e Garbo só fazia repetir: "Eu quero ficar só" — sem que ninguém desse atenção.

Eu não sou louco por *O anjo azul*. Gosto do azul, mas não de anjo. Foi, porém, com este filme que Von Sternberg firmou de uma vez por todas a imagem de um ídolo que o século ia idolatrar, embora na época tivesse carne demais no corpo todo. Seu melhor filme, *Mulher satânica*, foi o último que fez com Von Sternberg. É uma fantasia erótica (que haveria de ser?) passada numa Sevilha onde sempre chove. Primeiro a improvável água, depois a profusão de serpentinas: é carnaval e Marlene chama-se Concha Pérez. É, já se vê, uma fantasia da carne no carnaval e sem quaresma: o filme acaba antes da Quarta-feira de Cinzas, com o triunfo de Dona Carne.

Foi com Von Sternberg, um vienense, que Marlene fez os seus melhores filmes. Com Billy Wilder, outro vienense, fez os piores: *A mundana* e *Testemunha de acusação*. Com Alfred Hitchcock, um dos filmes de suspense mais terríveis jamais filmados. Chamava-se *Pavor nos bastidores* (*Miedo Escénico*; devia chamar-se *Mierda Cínica*). Como disse o próprio Hitchcock, "Marlene foi de Lola-Lola a não-não". Mas ela disparou contra ele um de seus melhores risos sardônicos, com boa pontaria e tato ainda maior.

Desde os dias confusos de Von Sternberg quem brindou a Marlene sua melhor atuação foi Orson Welles (sem cobranças: estavam unidos por laços de admiração) em *A marca da maldade*, mágico momento para o mágico de salão que a serrava em duas na cena do prestidigitador e de Malena. Marlene, toda de preto, era Tana, uma puta envelhecida transformada em cartomante numa zona fronteiriça. "Adivinhe o meu futuro", pede Orson, disfarçado. Ele é um policial corrupto e ela sua velha namorada; tão velha que nenhum dos dois se lembra do primeiro beijo. "Você não tem futuro, querido", diz Marlene, uma *cheruta* na boca. "Já desperdiçou tudo." Nenhum dos dois tem futuro, nem vai gerar nada.

Este foi o último filme de Welles em Hollywood, em que Marlene, usando uma peruca preta, apagou a sua imagem loura. Que além do mais era contagiosa. Orson fala como um adivinho. "Este é seu último papel de destaque." No fim, com o policial Hank Quinlan abatido por seu segundo um segundo antes, alguém pergunta a Marlene o que pensava do morto. "Era uma categoria de homem", querendo dizer que era dos que já não existiam. O que também se pode dizer da própria Marlene Dietrich: uma categoria de mulher. Na tela, nesse livro, no século XX.

O CANÁRIO COXO

Num dia de 1938, quando um grupo de fanáticos (fãs) foi recebido por Louis B. Mayer na Metro, no seu apogeu, o poderoso tirano sentou em seu colo, a contragosto, Judy, que tinha então 16 anos mas já começava a virar Judy Garland e, apontando para ela com a cabeça, afirmou severamente: "Estão vendo essa menina? Vejam no que eu a transformei. Caso não saibam, ela era corcunda." E, voltando-se para ela, insistiu, mais desafiador que retórico: "Não é, Judy?" Segundo o historiador do cinema David Shipman, que escreveu a biografia definitiva de Judy intitulada *Garland* (que bem podia subintitular-se "O caso do canário coxo"), houve entre os visitantes um breve intervalo (comercial) de assombro, mas Judy respondeu "Claro, Mr. Mayer, é verdade, suponho." Suponho não fica perto de Cipango, mas Judy afastou-se um pouco. Até Shipman, mais generoso com Garland do que jamais foi com Brando, seu outro biografado, diz que a grande realização do ogro da Metro foi disfarçar a realidade anatômica de Judy, que era carente de cintura. Depois ele cita uma tal de Frances Marion: "Judy tinha todas as características da tartaruga. Uma tartaruguinha." Caridoso, Shipman escreveu: "Sua anatomia podia ser perfeita para uma cantora, mas não ficava muito bem na tela."

Na biografia, ele narra como e a que custo a atriz infantil Ethel Gumm cresceu, virou Judy Garland, desmentiu Mayer e virou uma corcunda mental. Segundo seus respectivos biógrafos, Marilyn Monroe e Judy Garland eram gêmeas idênticas, refletidas no espelho perverso de Hollywood. Ambas foram geradas pelo sistema de estúdios: Garland da MGM, Marilyn da Fox. Garland, como se vê, não era exatamente uma beleza, mas tinha um enorme talento como cantora e atriz. O único talento de Marilyn era sua notável beleza. Ambas eram inseguras e enfermiças, e usavam o sexo para conseguir o que queriam. Ambas sofriam de um complexo de inferioridade que achava contrapeso no próprio delírio de grandeza. Ambas viciaram-se em soporíferos e, atrás de um antídoto, acabaram viciadas em anfetaminas. As duas tinham problemas com o tempo físico e, se Marilyn foi apelidada de "A Atrasada", Judy bem podia chamar-se "A Atrasadíssima". Ambas ficaram primeiro difíceis, depois impossíveis, e tiveram problemas com os diretores do estúdio: Monroe foi demitida no fim da carreira (e da vida) e Garland a meio caminho, por chegar tarde. (Às vezes eram dias de atraso numa filmagem onde eram esperadas ansiosamente.) As duas morreram pelas próprias mãos, as duas gozaram de uma mórbida fama póstuma, após uma vida que as conduziu ao mesmo *rigor mortis*. Marilyn não tardou a virar lenda. Judy já era uma lenda quando subiu ao céu cercada de estrelas da Metro, como proclamava Louis B. Mayer, para sentar-se no colo do Grande Produtor, como Cecil B. de Mille se referia a Deus.

Enquanto isso, ainda cá na terra, Judy estava casada com o grande Vincente Minnelli, que a dirigiu em seus melhores filmes: sua obra-prima *Agora seremos felizes*, *O ponteiro da saudade* e *O pirata*, talvez sua melhor comédia musical. E ela? Agradeceu? Absolutamente. Chegou a desprezar Minnelli, não por ser o homem ideal (três de seus quatro maridos também eram homossexuais) mas porque odiava ser Mrs. Minnelli, porque ele tinha paciência com ela, suportava tudo e curvava-se a seus menores caprichos. Como no tempo em que era menina e corcunda, tinha rompantes de cólera contra ele, em casa e em público. Além do mais, não sabia o que era lealdade. Sem dizer nada a ele, declarou ao estúdio que não queria Minnelli dirigindo sua próxima comédia musical, já programada. Nem qualquer outra, completou.

Minnelli não se divorciou dela então, e ela jamais fez outro filme tão bom como os três que tinham feito juntos. E em que, graças a Minnelli, tinha deixado de ser uma tartaruga para transformar-se num canário canoro. Até o considerável sucesso que fez mais tarde com *Nasce uma estrela* empalidece diante dos três grandes triunfos. O que ela fez depois dos melhores filmes com Minnelli foi atuar num *remake* de uma comédia clássica, *A loja da esquina*, rebatizada como *A noiva desconhecida*, que podia ser verão mas não dava para ver e mal dava para ouvir. Curiosamente, aparecia no elenco outro grande do cinema, este naufragado em álcool, Buster Keaton. Quando o céu quer destruir alguém, primeiro transforma esse alguém em estrela.

A constante sombra de Garland era o medo do fracasso, o medo de ir caindo aos poucos. Em *Nasce uma estrela* sua personagem é casada com uma estrela cadente do cinema, bêbado e suicida, que só no final faz a única coisa decente que podia fazer e, sóbrio, se suicida na vastidão do oceano. A ironia poética é que aqui Garland representava a esposa fiel e leal (lembra de Mr. Minnelli?), enquanto que no outro palco, o da vida, foi ela que morreu em casa, sentada no vaso sanitário, em meio a uma tempestade porém não no mar, não no mar.

Sua vida sexual foi, para variar, demente e sórdida. E aparentemente não conheceu vida fora do sexo. O sexo, qualquer tipo de sexo, foi seu teatro, seu palco e seu crítico único, tudo transtornado, e quanto mais impulsivo, transtornado, melhor.

Certa ocasião ela saiu do teatro, em Londres, entrou no seu carro e sentou ao lado do motorista. Assim que o carro deu partida, ela tentou abrir a braguilha dele, que a rechaçou bruscamente. Ao ver que no assento de trás ia um dos assistentes de maquilagem, quase um travesti, saltou para ele e começou a masturbá-lo. O assistente não protestou e consentiu, mas toda a manobra (esta palavra não podia ser mais adequada) era de um desespero revoltante.

Comparada com ela, Marilyn Monroe vivia entre algodões esterilizados, era uma versão loura de Florence Nightingale: metade missionária, metade monja. Garland estava transtornada a ponto de dizer que gostava do clima de Londres. Será que se pode ver Londres como uma anfetamina urbana? É David Shipman quem revela a verdade de seu amor por Londres: "ficava a mais de um oceano dos credores". Quando morreu — em Londres, onde haveria de ser? — tinha só quarenta e sete anos e "quatro milhões de dólares em dívidas". Onde? Nos Estados Unidos, onde haveria de ser?

Eu não gostava de Judy Garland, e continuo a não gostar. Muito menos depois de ler sua reveladora biografia, às vezes atraente e outras, a maioria das vezes, revoltante. Já quando atriz menina, havia algo de esquisito no seu corpo: talvez Mayer não tenha trabalhado assim tão bem. Como mulher tinha na cara algo pegajoso que lhe saía pela maquilagem. É verdade que a voz era potente. Mas a de Al Jolson também, e não creio que o branco que pintava a cara de negro fosse tão adorável a ponto de se dizer que o piche era sua melhor maquilagem. Por seu lado, Judy Garland, na famosa cena com o diretor do estúdio (Mayer tentando uma vez mais lhe dar um corpo ereto) em *Nasce uma estrela*, onde ela aparece pintando sardas na cara já muito maquilada e lutando contra as lágrimas pelo marido morto, a mim parece terrível; terrivelmente falsa. A outros parece plena de grandeza, uma deusa. É sobre esta areia movediça que repousa sua fama póstuma, pois foi no teatro, como cantora calva, que acabou seus dias e suas noites. E agora um transformista assume seu lugar e faz seu papel como um grotesco dublê: metade canário, metade papagaio. John Kobal, fã de Garland, teve razão para odiá-lo em um impulso apenas póstumo.

Mas é preciso dizer que no cinema, como na vida, Judy Garland sempre esteve à beira da extinção. Como a fita que enviam a Mr. Phelps, que vai ser destruída em "cinco segundos", sua carreira foi uma missão impossível. Louis B. Mayer, fazedor de estrelas, falhou desde o começo. Judy Garland nasceu em um baú onde fica corcunda, e num baú fica corcunda para sempre.

Cukor significa açúcar

Em Hollywood, um suave relevo identificava George Cukor como diretor de mulheres: delito único. Há outros diretores (como o elegante e epiceno Mitchell Leisen ou o Max Ophüls louco pela câmera, ou ainda o dono da marionete Marlene Dietrich, Joseph von Sternberg) que mereciam mais essa etiqueta. Mas só Cukor passou pela humilhação de ser brutalmente demitido do cargo de mestre de cerimônias (sem-cerimoniosamente — que palavra longa!), em ... *E o vento levou*, este circo de dez pistas cujo senhor era o P.T. Barnum do momento, David O. Selznick (o O. é adequado mas não quer dizer nada; só uma exclamação de espanto). Selznick queria Cukor. Vivien Leigh precisava mais de Cukor que de seu novo marido, Laurence Olivier. Até Leslie Howard (o judeu húngaro que no filme faz um cavalheiro sulista) achou Cukor mais necessário que seu instrutor de sotaque.

Clark Gable, porém (tanto pior), depois de aceitar Cukor como diretor descobriu (um pouco tarde: três semanas filmagem adentro) que Cukor era homossexual. Em Hollywood, qualquer escudeiro lhe teria evitado o choque dessa revelação. Mas Gable, em cena, durante uma tomada, diante da equipe inteira, mandou parar a câmera e gritou: "Eu não vou deixar um veado me dirigir! Não vou posar de isca! Quero um diretor que seja homem de verdade!" Gable exigiu um mestre de cerimônias viril. O beberrão, *bon vivant* e companheiro de caça Victor Fleming seria ideal — e foi. Diante do *Vento* apareceu afinal a sua assinatura.

A partir desse momento o espírito de Cukor tornou-se de uma discrição exemplar — ele, não os boateiros da aldeia nem os mercadores de boatos. *Georgie*, diziam, era capaz de acariciar com a câmera várias mulheres ao mesmo tempo, mas não de fazer amor com elas, como era praxe entre os diretores destemidos, que se ajoelhavam diante de um púbis farto.

Cukor, homem incapaz de recuar, colheu sua vingança: uma cena (das cômicas) fria. Nesse mesmo ano dirigiu *As mulheres*, com um elenco só de estrelas, nenhum homem — só o *darling* Georgie. Antes de ... *E o vento levou* ficar pronto, *As mulheres* já era um retumbante sucesso de bilheteria. Mas Cukor não esqueceu a humilhação que padecera nas mãos do ex-amigo e nunca mais trabalhou com Selznick. Referia-se a si mesmo, com amena ironia, como o homem que foi chutado do maior espetáculo da terra mas não foi puxar aquele saco.

Se Cukor era ou não diretor de mulheres (isso existe?), é coisa discutível, mas é fato sabido que era homossexual. Segundo uma exaustiva biografia, a vida sexual de Cukor era tão ativa e promíscua como uma obsessão privada. Embora muitos de seus amantes fossem de passagem, eles achavam um confortável abrigo nos seus filmes. Cukor chegou a ser preso por sodomia pública. Só o vilipendiado Louis B. Mayer impediu que o seu *show* se tornasse público. Não fosse isso e ele teria ficado a fazer o amor que não ousava dizer seu nome entre as ruínas de sua carreira. Clark Gable tinha concluído: "Que foi que eu disse?" (Mas persiste o rumor de que Cukor não conheceu Gable na Metro, mas numa casa *non sancta* para rapazes em Los Angeles.)

Muitas vezes as biografias autorizadas só contam historietas simpáticas. A biografia depende de autorização alheia: a boca e os olhos do biografado já se fecharam, mas não os dos amigos e inimigos sobreviventes. Os fatos sobre a longa vida de George Cukor (Nova York 1899 — Hollywood 1983) têm uma maliciosa tendência para virar boatos. Desde Heródoto o boato é a reserva amoral da história. A biografia, como já Plutarco demonstrou, sempre paga seu tributo ao deus da ironia; ou será uma deusa? É só chamá-la de boato, e saberemos por que se lê com tal intimidade. É a arte do fascínio, claro, e grande parte de sua sedução emana, *contra natura*, da pátria do boato, que se chama Hollywood. A prova disso está em mais de uma biografia de estrela, e também nessa revoltante e inédita confissão, *Não tornarás a almoçar nesta cidade*, um vomitório mimético. Como todos os filmes de Cukor, *Fatalidade [A Double Life]* é divertido, embora não fale apenas de uma vida dupla, mas da dupla vida de um homem obsessivo, sempre maníaco mas nunca depressivo.

Cukor foi um diretor de notável versatilidade no cinema, área onde os versáteis duram mais. Ao contrário de outros diretores versáteis (Michael Curtiz, W.S. Van Dyke, Henry King), porém, Cukor sempre atraiu o olho crítico, coisa que os outros raramente conseguiam. Um exemplo é *Casablanca*. É o filme mais cultuado da história do cinema e contudo ninguém menciona o diretor, Michael Curtiz. É como se o próprio Humphrey Bogart tivesse dirigido o filme ou, hipótese mais mundana, Claude Rains. Fala-se do roteiro (onde cada roteirista da Warner encaixou um ou dois diálogos), da fotografia (como se Edeson tivesse inventado a câmera), da música (as duas principais canções, *As time goes by* e *Perfidia*, foram compostas anos antes) e elogia-se até o guarda-roupa de Ingrid Bergman, como se ela tivesse comprado tudo em Paris antes da guerra. Curiosamente, os melhores críticos da obra de Cukor são homens, não mulheres. Sorte a dele Clark Gable não ser crítico — não redigia nem notinha de jornal.

Contudo, Cukor viveu toda a sua extensa carreira (desde *Hollywood* em 1932, até *Ricas e famosas*, em 1981) como o intelectual dos diretores populistas: sorte, isto é um modo de dizer, de marxista burguês. Mas às vezes alguns críticos o tachavam de pelego dos grandes estúdios — o que soa pior do que ser pelego dos pequenos. É fato que poucas vezes foi dono do próprio nariz, mas há simetrias singulares em sua carreira. Desde os primeiros filmes trabalhou com Katharine Hepburn, estrela que brilhava no seu firmamento cinematográfico e constante hóspede de sua casa em Hollywood. Houve melhores e piores, mas fez com ela dois dos últimos filmes: *Amor entre ruínas*, um título que vinha a propósito, e *O milho verde (The Corn is Green)* (trigo em inglês é *corn*, que também significa afetado). Privou de uma rara intimidade com Garbo e, com ambos no apogeu, ele a dirigiu em seu melhor filme, *A dama das camélias*. Mas Cukor foi indelevelmente estigmatizado ao encerrar a carreira de Garbo com *Duas vezes meu (Two-Faced Woman)*, que ninguém aguentou nem com uma cara só.

Pessoalmente George Cukor, modesto porém molesto, tinha um espírito agudo e mordaz, e era muito generoso. Muitos desses traços pessoais viraram marcas registradas do Cukor diretor. Retraído mas nada preguiçoso, de vistas curtas e feminino, havia nele algo temível — talvez não se parecesse com Selznick só por serem os dois judeus. Creio antes que tinha a ver com sua boca estranha, que lhe dava a aparência de um Carlos V hollywoodiano, um imperador capaz de sobreviver ao próprio enterro. Mas em seu perfil de prognata podia-se ver a vontade de mandar do diretor — dos ditadores grandes e pequenos.

Eu o conheci em 1970, em Hollywood, e tornei a vê-lo em 1980, quando estava dirigindo uma sequência de seu último filme, *Ricas e famosas* (título que lhe calhava tão bem), no saguão do hotel Algonquin, em Nova York. Dormia o tempo todo no seu canto predileto — talvez sonhando com mais um projeto acarinhado que nunca chegaria a realizar. Era sua extrema unção. Ou a senilidade ali onde antes estava a criatividade. Os diretores envelhecem mas não morrem: fazem apenas um *fade-out*, como no fim do filme, ou seja, fecham-se e vão perdendo a luz.

*"Eu tenho um amigo morto
que vem sempre me visitar."*
José Martí

Retrato de um artista quando colecionador

Conheci John Kobal em um cinema. Foi em 1971, quando Miriam Gómez e eu fomos a uma sessão especial de *Três camaradas* no National Film Theatre. Quem nos convidou foi o finado Carlos Clarens, fanático por cinema e crítico que eu conhecera em Havana no ano de 1954, por intermédio de Néstor Almendros. Eu disse primeiro fanático e depois crítico porque era o que tínhamos sido, era o que éramos.

John é muito alto (mais de dois metros) e bem parecido, e pensei que ele fosse um ator americano. De fato havia sido ator, mas canadense, e seu nome verdadeiro era Ivan Kabaoly. Esses dados e a sua idade ele ocultava zelosamente. Quando menino sua família havia emigrado para o Canadá, e agora ele morava em Londres. Era realmente um estrangeiro em toda parte ou, se preferem, um cosmopolita. Carlos Clarens já era seu amigo e nós quatro éramos agora emigrantes cruzando a ponte de Waterloo, que chamávamos de *A ponte de Waterloo*, pois lembrava Vivien Leigh perdendo-se na rua e morrendo na ponte. John, Carlos e eu éramos presa da febre do filme, sempre chamado de fita. Pouco depois, John enriqueceu com o cinema.

Eternamente insone, John passava noites jogando um jogo de fotos em formato postal de suas estrelas favoritas, que atirava para ver quem caía em cima de quem. Às vezes Joan Crawford cobria Bette Davis, outras Bette Davis tapava Hedy Lamarr (segundo John, a mulher mais bela do cinema), outras ainda ficava em cima Margaret Sullavan, uma de suas prediletas. Eram todas prediletas, a todas ele conhecera no cinema, em pessoa e em fotos.

Foram a insônia e as estrelas que o levaram a organizar o que hoje se conhece como a Coleção Kobal, a maior fototeca de cinema que existe no mundo. Não há livro ilustrado sobre cinema, nem programa de televisão sobre cinema, nem memórias de estrela do cinema que não leve a marca da Kobal Collection como fonte visual. Primeiro a Coleção foi um quarto no apartamento de John, depois três, depois um escritório em Covent Garden com doze empregados e cinco telefones. John tinha muito orgulho de seu êxito comercial, porém ainda mais do fato de o museu Victoria & Albert, um dos mais exclusivos do mundo, tê-lo encarregado de organizar uma exposição de uma arte que ele havia redescoberto sem ajuda de ninguém, a arte do retrato com *glamour*. Foi John quem recolocou em circulação os nomes esquecidos dos mais importantes artistas do retrato fotográfico, ou melhor, cinematográfico. Era preciso ver sua felicidade organizando uma exposição pessoal na prestigiada National Portrait Gallery, ala de retratos da National Gallery. O artista que ele convidou foi o memorável, mas então esquecido, Clarence Sinclair Bull. A exposição em sua honra chamou-se, como seu livro de memórias, *O homem que disparou a Garbo*. O nome também foi um achado de John, que, com o tempo, tinha virado escritor.

Não creio que tivesse a ambição de virar diretor de cinema, e menos ainda a de voltar a ser ator, mas sempre quis ser escritor — e foi. Fanático do cinema, fez-se também fanático da literatura e aí encontrou sua reparação. Quando criança, no Canadá, um professor apontou-o diante de toda a turma como aquele que jamais triunfaria. Esse professor devia ter morrido de vergonha, ou de um certeiro tiro de John. Este escreveu não só a primeira e melhor biografia de Rita Hayworth, a quem adorava no cinema e também na vida mais ou menos real que ela vivia, mas também diversos livros sobre cinema mudo e sonoro e sobre estrelas do cinema. Já gravemente enfermo, empreendeu uma biografia em dois volumes de Cecil B. de Mille. Morreu trabalhando no segundo volume. O primeiro, que deixou completo, tem umas mil e quinhentas páginas. Encontrou refrigério escrevendo, e era fácil vê-lo a trabalhar dez, doze horas por dia, a despeito do mal-estar e das dores. Morreu de vários males sucessivos. Sobretudo, porém, morreu da enfermidade que não ousa dizer o seu nome.

O mais penoso é que John era um ser social por excelência, sempre disposto a fazer amigos. Na minha casa conheceu alguns notáveis espanhóis, que se tornaram amigos instantaneamente.

Lá conheceu Terenci Moix, Molina Foix, o pintor José Miguel Rodríguez, o jornalista José Luis Rubio, o escritor José Luis Guarner e finalmente, encontro não menos importante, Celestino Coronado, também homem de teatro. Foi Celestino que levou John a desfrutar de um filme singular e a dar provas de capacidade crítica. O filme era essa desconhecida obra-prima, *Víctimas del deseo*, de Emilio Fernández, com a magnífica Niñon Sevilla. John entendeu o filme numa língua, o espanhol, que era para ele *terra incógnita*. Grande conhecedor da beleza feminina, logo proclamou que Niñón, veloz rumbeira, era uma nova edição de Marlene Dietrich, talvez por causa das pernas espetaculares. Com seu eterno entusiasmo, propôs a Celestino fazer um *remake* a cores. Nesse momento John parecia mais vivo que nunca — e no entanto se aproximava cada vez mais da morte.

John Kobal era caloroso, brilhante em mais de um sentido e grande conversador, cheio de historietas sobre atrizes, atores e pecadores, mas sempre com admiração, sem malícia nenhuma, pois respeitava a todos, como demonstrou no melhor de seus livros, *People Will Talk*. Era encantador e encantou todos os entrevistados, que atraíra para o livro conversando.

Desde que o conheci, sempre viveu em casas espaçosas, e abria generosamente sua hospitalidade, como tudo mais. Algumas estrelas cadentes haviam aterrissado em sua casa e lá encontrado permanente refúgio. Como a falecida Veronica Lake, a quem ele, brincalhão, chamava pelo nome verdadeiro, Connie Ockelman. Eu o encontrava com frequência e falava com ele ao telefone ainda mais frequentemente — quer dizer, ele falava comigo; era sempre John que falava, pois a conversação era sua arte particular. Uma das lembranças mais queridas que guardo vem de seu novo apartamento, de que estava realmente orgulhoso. Como sempre, ele próprio o havia decorado. "Isto não é um apartamento", disse eu. "É uma mansão." Encantado, ele nos levou para correr tudo. Era tudo magnífico, sobretudo o banheiro, decorado em madeira e mármore. "Está digno de Waldo Lydecker", comentei, admirado. Lydecker era o escritor preciosista de *Laura*, que escrevia na banheira. John adorou a comparação. Como Waldo, ele era *débonnaire* e elegante, e amava Gene Tierney havia muito tempo. John Kobal era um fanático por toda beleza.

Adeus ao amigo da câmera

A secretária eletrônica não é automática. Revela a alma, ou pelo menos o caráter. O autor da mensagem de atendimento, que sempre se repete mas nunca é automática, enfrenta a contingência de dizer alguma coisa e de ser breve. Por meio da secretária, diante de um microfone oculto, tem de compor a sua fala e assim tornar-se um autor que se desdobra em ator. Certas mensagens são engenhosas e até divertidas. Por exemplo, John Kobal, que foi ator, mudava com frequência a sua, que sempre tinha música de fundo e informava, quase em sigilo, onde estava, o que fazia e a que horas voltaria. Paquito D'Rivera, músico, toca clarinete e atende em duo com a mulher, Brenda, que é cantora, ao som de seu último disco, *Tico Tico*. Néstor Almendros era diferente. A mensagem não mudava nunca. Era a mesma — era ele mesmo. Sempre igual: meio seca (como seu pai castelhano), meio catalã (como a mãe) e, em inglês, com um leve sotaque de Cuba. Além do mais, era direta, informativa e respeitosa, e separava as palavras para deixar claro o que dizia. Se toda mensagem pode ser terrível, agora o penoso é que não haverá outro atendimento de Néstor — duplo, como quando se escondia atrás da máquina e dizia ao reconhecer um amigo: "Ah, é você!" Não mais haverá, o que é triste. Um amigo de quase meio século.

Néstor chegou a Havana, em 1948, para juntar-se ao pai, educador e exilado espanhol a quem não via desde sua fuga, em 1938. Néstor estava então com 17 anos. Eu o conheci no curso de verão sobre cinema que se dava esse ano na Universidade de Havana. O cinema nos reuniu, o cinema nos uniu. Creio, tenho certeza, que Néstor é o mais velho de meus amigos. Desgraçadamente, onde eu disse *é* tenho de corrigir para *era*. Por intermédio de Néstor, porém, fiz amigos que eram amigos do cinema e outros que se revelaram mais amigos do poder que do cinema. Ou amigos do poder pelo cinema.

Para Néstor, como para mim, Havana foi uma surpresa. Mas se eu era de uma cidadezinha pobre, Néstor vinha de Barcelona, e a surpresa dele foi um assombro. Assombravam-no a legião de cinemas (e uma surpresa que a mim nunca ocorreu: todos os filmes passavam na versão original); assombravam-no a quantidade de jornais e a profusão de revistas, inclusive as dedicadas ao cinema. Foi um assombro ver tanta gente loura em Havana. "Culpa de vocês", expliquei. "Você não viu quanto sobrenome catalão tem por aqui?" Cuba teve até um presidente que se chamava Barnet e outro chamado Bru. Néstor ficou contente ao saber que o primeiro mártir da independência de Cuba, no século XIX, tinha sido um catalão. Ele, cujo pai era catalão de boa cepa e em Cuba se tornou cosmopolita, era também catalão e comunicava-se em sua estranha língua com a mãe, a bondosa María Cuyás, que sobreviveu a ele, e com seus irmãos, María Rosa e Sergio. Seu luminoso apartamento de El Vedado era uma casa catalã.

Sempre soubemos que ele ia fazer cinema. Néstor escolheu a arte mais difícil, a fotografia. Joyce afirmou uma vez que era original por decisão própria, pois ninguém era menos dotado para isso. Néstor tornou-se fotógrafo por um ato de vontade, por um traço férreo de seu caráter que espantava a quem não o conhecia. Começou com uma câmera comum e chegou a ser um fotógrafo de primeira. Mas quando fez minhas primeiras fotos, no que levou duas horas, descobriu no fim da sessão que tinha deixado a tampa sobre a lente! Desde moço era muito distraído, e mais tarde, já profissional, tinha assistentes para evitar que esquecesse alguma coisa. Tropeçava em tudo que estava no caminho, e até no que não estava.

Ao descobrir Havana, Néstor descobriu-se a si mesmo e, quando se declarou homossexual, a sua vida mudou. Mas sempre foi a discrição em pessoa: no vestir, no falar, e é de pensar que Kavafis também era assim. Havana foi a sua Alexandria. Entre amigos, porém, gracejava de um modo surpreendentemente cubano, e ao mesmo tempo muito seu. Néstor era sério, mas na intimidade ficava irresistivelmente engraçado, botando apelido em amigos e inimigos: um delegado cubano ficou conhecido para sempre como La Dalia.

Néstor deixou Cuba durante a ditadura de Batista e voltou com a vitória de Fidel Castro. Tinha conhecido Fidel casualmente, ao fotografá-lo na prisão antes do exílio no México. Não tardou a desiludir-se, ao descobrir que o fidelismo era um fascismo de pobre. Já tinha, me disse ele, sua experiência na Espanha de Franco. "É a mesma coisa. Fidel é Franco mais alto e mais jovem." Nós dois tínhamos fundado, juntamente com Germán Puig, a Cinemateca de Cuba, que naufragou na política. Nós dois fomos fundadores do Instituto do Cinema (ICAIC). Nós dois descobrimos que o ICAIC era só um instrumento de propaganda manipulado por stalinistas. Quando o ICAIC proibiu *PM*, modesto exercício de cinema livre de meu irmão Saba e Orlando Jiménez, Néstor, agora crítico de cinema da revista *Bohemia*, escreveu um comentário elogioso. Não tardou a ser expulso da revista. Foi sua salvação. Pouco depois, saiu de Cuba para sempre.

Na Europa Néstor ganhou fama como fotógrafo. Mas isto é uma simplificação. Antes ele passou por muito trabalho, necessidade e até fome em Paris, como testemunhou o seu amigo Juan Goytisolo. Não virou o fotógrafo predileto de Truffaut e de Rohmer da noite tropical para o dia francês. Eu o via com frequência nessa fase e soube que chegou a dormir no chão do quarto de um hotel imundo alugado por um amigo. Néstor sempre foi indiferente à comida, mas o que foi obrigado a comer na Cidade Universitária não era bem *nouvelle cuisine*. A fim de perseguir a sua vocação, chegou a rejeitar a oferta de uma luxuosa escola americana para moças (onde já tinha ensinado no exílio) e persistiu em seu empenho na França, onde se mantinha fazendo documentários para a TV escolar. Passaram-se anos antes que o convidassem para fotografar um curta de historietas. Foi assim — com trabalho, por seu trabalho — que Néstor se tornou o fotógrafo que foi.

Embora brevemente, tenho de falar de seu ofício, uma arte, uma forma de sabedoria. Néstor não era escolhido por Truffaut, por Rohmer, Barbet Schroëder, Jack Nicholson, Terry Malick e finalmente Robert Benton pelos seus belos olhos, e aliás não era bonito, embora fosse bastante vaidoso com suas lentes de contato e seu chapéu de aba larga. "Eu tenho cara de peixe", dizia ele mesmo. Todos esses diretores, além de outros que não me vêm à cabeça, usavam e tornavam a usar Néstor porque ele, além de fotografar seus filmes, resolvia problemas de cenário, maquilagem e guarda-roupa, com sua bagagem cultural, e ainda reescrevia roteiros, como fez no penúltimo (e fracassado) filme de Benton. Trabalhava com o diretor antes e depois da filmagem, corrigindo distorções, muitas vezes do próprio diretor, e chegava a resolver problemas de atuação durante a filmagem. E até antes, muito antes. Há pouco tempo, um premiado roteirista americano pediu--lhe para ler o seu roteiro sobre a vida e as façanhas de Cortés. Néstor apresentou suas observações, sempre judiciosas. Chegou a salvar o roteiro de uma colossal mancada: descobriu que ali Cortés estudava o seu plano de campanha num *mapa mundi*! Mais cortês que Cortés, Néstor explicou que a menção estava deslocada, como a de Shakespeare que, em *Júlio César*, faz soarem 21 salvas de canhão quando o imperador entra em Roma. A menção a Shakespeare era não só generosa mas também elogiosa. Néstor Almendros era assim.

Se a vida sexual de Néstor foi discreta, ele manteve aberta sua vida política e viveu-a de olhos abertos. Poucos estrangeiros (ele era cubano honorário, mas a maioria de seus amigos e muitos de seus inimigos são cubanos natos como eu) fizeram tanto pela causa de Cuba, e ninguém fez mais. Foi Néstor que alertou o mundo, de forma candente, sobre a caça às bruxas sexuais na Cuba castrista, em seu *Conducta Impropia*, onde se mencionavam e quase se viam, por intermédio dos protagonistas, os campos para homossexuais criados por Castro (denominados UMAP, Unidades Militares de Ajuda à Produção). Muita gente dirá que ele o fez por interesse. Mas Néstor produziu outro documentário, este ainda mais revelador: *Nadie Escuchaba*, sobre violações de direitos humanos. Este documentário foi essencial para condenar o regime de Castro em toda parte, sobretudo nas Nações Unidas. Como em *Conducta Impropia*, Néstor chegara a esses projetos mediante uma visão que era uma convicção: transmitia o seu horror ao fascismo, nascido na Espanha de Franco e reencontrado na Cuba de Castro. Recentemente, já desenganado, Néstor trabalhava (juntamente com Orlando Jiménez, seu colaborador em *Conducta Impropia*) num filme baseado em documentos sobre a vida, julgamento e morte do general Ochoa, a vítima de Castro mais propícia.

Foi dura a morte de Néstor. Para mim, para seus amigos, para seus fãs, que juravam ser ele um dos grandes fotógrafos da história do cinema. Para mim, como espectador para quem a fotografia é a única parte essencial do filme, ele só tem rival, se tiver, em Gordon Willis, fotógrafo favorito de Woody Allen e Coppola. A vantagem de Néstor é sua modernidade clássica, visível tanto em *O garoto selvagem* como em *O joelho de Claire*, ou a aura romântica em *Dias de paraíso* (que lhe valeu o Oscar em 1979) ou sua elegância *art déco* em *Billy Bathgate — O mundo a seus pés*, seu último filme, que tanto contribuiu para sua morte.

Como todos os amigos, eu sabia que Néstor tinha desaparecido num domingo, e soube que estava num hospital buscando um tratamento desesperado. Néstor não dissera a ninguém qual era a sua enfermidade, porém muita gente suspeitava que era *aquela*. Ouvi de novo sua discreta mensagem de atendimento, mas, quando me preparava para deixar recado, ouvi o próprio Néstor: "Ah, é você!" Embora ele estivesse quase afônico e sua mensagem soasse como se viesse do além, ainda me contou, sem motivo aparente, o dia de sua chegada a Havana, em 1948, como foi retido em quarentena no navio e como seu pai veio tirá-lo com um amigo que era amigo do inspetor da imigração. "Em Cuba", lembrou Néstor, "sempre havia um amigo que tinha um amigo que vinha te salvar." Depois nos despedimos para sempre. No dia seguinte, segunda-feira, Néstor entrou em coma para não mais sair.

Billy Wilder encontrou William Wyler no enterro de Ernst Lubitsch. "Que pena", disse Wyler, "Lubitsch não existe mais." Wilder respondeu: "A pena é que não vai mais existir filme de Lubitsch." Que pena que não haverá mais filme de Néstor Almendros! E que pena, maior ainda, que já não exista Néstor Almendros!

O ÚNICO GUARNER POSSÍVEL

Se é certo que se iniciam na escola as verdadeiras amizades, aquelas que prosseguem a vida inteira, devia ter começado na escola minha amizade com José Luis Guarner. Bem sei que na escola nós jamais fomos colegas, por motivos não só temporais (tenho dez anos mais do que Guarner) mas também espaciais: ele morava em Barcelona e eu em Havana. Mas sentimos um pelo outro uma amizade intensa, reservada para um futuro curso. Éramos os dois, amigos para a vida toda, e agora a de José Luis se foi. E, no entanto, nossa relação quase não começa, e começou mal.

José Luis veio conhecer-me em Londres, e sua visita coincidiu com uma de minhas crises de mutismo. Conhecia-me pelos meus livros, tão loquazes todos, e ficou perplexo. Anos depois, ele me dizia: "O lado mais eloquente de minha visita foi que você não disse nada." Depois, claro, eu lhe diria muita coisa, e José Luis e Mari Carmen nos visitaram muitas vezes em Londres e todo ano ele me convidava para seu festival de cinema, que era, como ele, fora de série. José Luis tinha visto os filmes todos, passados e presentes, sabia tudo em matéria de cinema e muita coisa em matéria de técnica de TV. Foi ele quem pronunciou um dia, cruzando a Cromwell Road, uma frase com uma palavra mágica: "Em Barcelona eu tenho uma *betamax*." Era a maravilhosa máquina para exibir no televisor todos os filmes, velhos ou novos, com a qual era possível rever: o tempo do cinema havia-se tornado reversível, e seu espaço era o televisor. Como José Luis, fiquei mais perito do que Roberto (Rossellini, um dos deuses de Guarner) em capturar cinema em pleno voo. José Luis era, de pleno direito, o primeiro crítico cinematográfico a escrever em espanhol: sua atitude crítica era espantosa. Não digo isso porque sempre estivéssemos de acordo (não: Guarner atacou duramente um dos filmes que para mim são cruciais nos anos 80, *Veludo azul*), mas ambos reconhecemos, contra a maré da crítica mundial, que *Blade Runner — caçador de androides* era uma obra-prima. Curiosamente, lançaram há pouco a "versão do diretor" desse filme e José Luis, que via tudo antes de mim, comentou por telefone: "Pode ser a montagem original, mas prefiro a outra. Além do mais, não acrescenta nada." Vi a "versão do diretor" e mais uma vez, concordei com ele.

Como eu, José Luis sempre teve problemas de visão, e além disso ouvia mal, porém a comunicação por telefone era perfeita. Eu o chamava às vezes Don Guarner e outras *The Guarner Brothers*, e tudo se aplicava bem. Don Guarner porque era um perfeito cavalheiro. Não só pela cortesia, mas também por todo o comportamento. Diz sir Thomas Browne que ser cavalheiro é armar menos encrenca, coisa que José Luis não fazia nunca. Nem se queixava.

Antes de sua última e terrível enfermidade, houve outras. Sofreu inclusive um acidente — saindo de um beco, um automóvel lhe passou por sobre os pés; nem assim ele se queixou. Os problemas de visão alarmavam-no mais do que a mim e, tendo sido tratado por um excepcional oftalmologista inglês, coordenei sua viagem anual a Londres com uma consulta. O Professor Bird, uma sumidade, examinou-o e perguntou no fim: "Seu amigo fala inglês?" Respondi que sim mas também que, com o sotaque dos dois, ele ia entender menos do que eu. O Dr. Bird disse então que José Luis sofria de *retinitis pigmentosa*. Ou seja, disse em latim o que já sabíamos: tinha visão de túnel, uma enfermidade genética degenerativa — ele ia ficar cego em menos de dez anos. Não teve tanto tempo. Morreu antes de perder a visão, e até o fim foi ao cinema.

Quando contei que Guarner era crítico profissional de cinema, Dr. Bird me deu uma resposta de cientista: "Então ele tem a enfermidade perfeita. A visão concentra-se na tela."

O diagnóstico era terrível e eu não disse nada a José Luis, que sorriu com ar de sabedoria. Tinha entendido mas, como sempre, preferia não se queixar. Ao sair do consultório viu na mesa da recepção um pardal empalhado: um trocadilho visual. *"A bird for Mr. Bird"*, disse ele em seu inglês impenetrável. Mas entendeu que devia usar óculos escuros, os mais escuros possíveis, quando saísse ao sol. Seguiu a recomendação. Quando o vi assim, disse-lhe que agora estava completa sua semelhança com Boris Lermontov, o empresário de *Sapatinhos vermelhos* inspirado na figura de Diaguilev e interpretado por Anton Walbrook, ator com quem José Luis sempre teve uma curiosa semelhança — exceto que, ao contrário de Guarner, era craque em fazer cenas histéricas. Uma das últimas vezes em que o vi, Guarner, com seus óculos escuros, ia andando no seu curioso passo, tateando o chão escorregadio, e eu perguntei: "Isso é Boris andando atrás das pegadas cor-de-rosa de Vicky Page?" Ele entendeu a referência à bailarina de *Sapatinhos vermelhos* e riu. Sempre ria. Nós ríamos, muitas vezes ao telefone, às vezes diante de sua pessoa — agora uma sentida lembrança.

Ainda não com o pé no estribo, mas montado como um pálido ginete, José Luis escreveu um alegre obituário de Fellini, que intitulou "O único Federico possível". Numa prosa como sempre luminosa e direta, marca do profissional consumado, embora já estivesse consumido. Como nos versos, Guarner durou pouco e a noite é escura. Ou seja, boa para uma estreia, ou para ver de novo *A morte num beijo*. O que vier primeiro.

Índice Onomástico

Abbadie d'Arrast, Henry d' (ver D'Arrast, Harry)
Abbe, James, 61
Adam, Ken, 42
Aguirre, Elsa, 99
Aldrich, Robert, 94
Alexander, Susan, 91
Allen, Woody, 42, 134
Almendros, María Rosa, 131
Almendros, Néstor, 24, 65, 90, 127, 130, 133, 134
Almendros, Sergio, 131
Alonzo, John, 90
Álvarez, Guido, 110
Andrade, Drummond de, 38
Andrews, Dana, 71
Andrews, Julie, 44, 71
Antonioni, Michelangelo, 12, 42
Apeles, 45
Aquiles, 73-75
Armendáriz, Pedro, 87
Arnaz y de Acha, Desiderio Alberto Ernesto (ver Arnaz, Desi)
Arnaz, Desi, 87, 88
Arnold, Jack, 56
Astaire, Fred, 7, 30, 32, 35-38, 41, 68, 86, 109
Astor, Mary, 69
Audaz, Pincel, 45
Avedon, Richard, 41

Babenco, Héctor, 9
Bacall, Lauren, 53
Bachrach, Erneste, 61
Bagneris, Vernel, 43
Baker, Norma Jean (ver Monroe, Marilyn)
Balanchine, George, 37
Balazs, Bela, 8-9
Ball, Lucille, 87
Balzac, Honoré de, 43, 46
Banderas, Antonio, 90
Bárcena, Catalina, 82
Bartók, Béla, 8-9, 23
Barishnikov, Mikhail, 32, 37
Basinger, Kim, 45
Batista, Fulgencio, 24, 131
Beaton, Cecil, 35
Beckett, Samuel, 13
Beethoven, Ludwig van, 17
Behrman, S.N., 40
Benton, Robert, 132-133
Bergman, Ingmar, 42
Bergman, Ingrid, 67, 84, 98, 122
Berkeley, Busby, 30-31, 41
Berlitz, Maximilian, 53
Bernhardt, Sarah, 8, 27
Bird, doutor, 136
Blasco Ibáñez, Vicente, 76, 90
Blavatsky, Madame, 5
Bogart, Humphrey, 45, 46, 48, 52, 54, 57, 72, 84, 122
Bonanova, Fortunio, 91-95
Bond, James, 42
Borges, Jorge Luis, 6, 12, 13, 49, 50, 85, 94

Bowie, David, 113
Boyer, Charles, 88
Brand, Neville, 57
Brando, Marlon, 83, 116
Brazzi, Rossano, 103
Bremer, Lucille, 32, 34
Bresson, Robert, 12
Brooks, Louise, 98
Browne, Thomas, 136
Bru, 131
Bull, Clarence Sinclair, 61-63, 128
Buñuel, Luis, 17, 99

Cabrera Infante, Saba, 132
Cagney, James, 71
Callas, María, 3
Cansino, Eduardo, 86
Cansino, Margarita Carmen, 28, 86
Cansino, Rita, 88
Cansinos-Assens, Rafael, 86
Cara, Irene, 33
Caron, Leslie, 35
Carpenter, John, 58
Carreras, José, 94
Carrol, Naish, J., 89
Carroll, Lewis, 12
Caruso, Enrico, 94
Castillo, Tenente, 89
Castro, Fidel, 24, 131, 133
Caution, Lemmy, 12
Cavani, Liliana, 13
César, 133
Chaney, Lon, 50
Chaplin, Charles, 10-11
Charisse, Cyd, 7, 31-32, 36, 38, 64
Chevalier, Maurice, 38
Chopin, Frédéric, 18
Cimino, Michael, 6, 34
Clarens, Carlos, 127
Clooney, Rosemary, 85
Coco, 33
Cocteau, Jean, 102, 103, 112

Colbert, Claudette, 70
Colman, Ronald, 51
Colombo, Cristóvão, 86, 91-93, 95, 112
Conrad, Joseph, 15
Coppola, Francis Ford, 34, 41, 42, 89, 134
Cooper, Gary, 50, 80, 84, 111
Cortés, Hernán, 101, 133
Cortez, Ricardo (ver Krantz, Jakob)
Córdova, Arturo de, 87
Cortez, Stanley, 77
Crawford, Broderick, 71
Crawford, Joan, 27, 39, 62-63, 71, 99, 127
Cugat, Xavier, 87
Cukor, George, 35, 80, 120-122
Curtis, Tony, 47, 74
Curtiz, Michael, 122
Cuyás, María, 131

D'Rivera, Paquito, 130
D'Rivera, Brenda, 130
Dailey, Dan, 30
Dalí, Salvador, 19
Dalio, Marcel, 48
Dámaso de Alonzo, Luis Antonio (ver Rolond, Gilbert)
Daphne, 74
Davis, Bette, 18, 51, 62, 68, 71, 107, 108, 127
Day, Chico, 90
De Forest, Lee, 29
De Mille, Cecil B., 55, 80, 83
De Niro, Robert, 45, 51
Delon, Alain, 13, 53
Depardieu, Gérard, 84
Desmond, Norma, 80, 98
Dickinson, Angie, 53
Dietrich, María, 112
Dietrich, Marlene, 67, 78, 96-98, 108, 115, 120, 129

Disney, Walt, 44
Domingo, Plácido, 93
Donen, Stanley, 31, 35-37, 41
Donne, John, 43
Doolittle, Eliza, 35
Dostoievsky, Fiodor, 18
Douglas, Kirk, 91
Drácula, 47, 82
Dreyer, Carl, 12

Eastman, George, 2-4
Eastwood, Clint, 57
Edison, Thomas Alva, 2-4, 27
Einstein, Albert, 50
Eisenstein, Sergei, 50
Elizondo, Héctor, 90
Ellen, Vera, 7

Fairbanks, Douglas, 80
Falla, Manuel de, 93
Faulkner, William, 91
Fausto, 73
Félix, María, 69, 96-101, 103
Fellini, Federico, 53-54, 137
Fernández, Emilio, 77, 98, 129
Ferrer, José, 80, 82, 84, 85, 89
Ferrer, Mel, 84
Figueroa, Emilio, 77
Figueroa, Gabriel, 77
Fleicsher, Richard, 56-57
Fleming, Victor, 120
Flynn, Errol, 19, 75
Fontaine, Joan, 70
Ford, John, 18, 55, 59, 64, 67, 77, 94, 103, 107-110
Fosse, Bob, 31-32
Francis, Kay, 78
Franco, Francisco, 48-49, 132-133
Freed, Arthur, 29, 41
Freud, Sigmund, 7, 23, 74

Gabin, Jean, 111

Gable, Clark, 62, 68, 120-122
Gallegos, Rómulo, 96
Garbo, Greta, 38, 49, 52, 62, 63, 66, 67, 76, 77, 80, 81, 96, 98, 100, 107, 114, 122, 128
García, Hernández, Juan (ver Hernández, Juano)
García, Andy, 89
Gardner, Ava, 70, 99
Garfield, John, 62
Garland, Judy, 35, 51, 116-119
Gassman, Vittorio, 103
Gauguin, Paul, 83
Gautier, Marguerite, 27
Gelardino, Chori, 23
Gershwin, George, 36
Gershwin, Ira, 95
Gielgud, John, 51
Gilbert, John, 80
Gish, Lillian, 61
Godard, Jean-Luc, 12, 42
Goebbels, Joseph, 113
Goldoni, Carlo, 35
Gómez, Miriam, 35, 44, 127
Gomez, Thomas, 90
González, Cesáreo, 103
Goodman, Benny, 37
Goytisolo, Juan, 132
Grahame, Gloria, 71-72, 82
Grande Houdini, O, 5
Grant, Cary, 49, 65, 82
Gregório, 15
Griffith, D.W., 55, 80
Guarner, José Luis, 129, 135-137
Guarner, Mari, Carmen, 135
Gumm, Ethel, 116

Hadley-García, George, 79
Hammer, Mike, 94
Harlow, Jean, 63, 68
Hart, Lorenz, 39-40
Hawks, Howard, 7

Hayward, Susan, 66, 99
Hayworth, Rita, 28, 32, 53, 65, 66, 69, 78, 85-86, 88, 100, 128
Hedren, Tippi, 71
Helena, 70, 73-74
Hemingway, Ernest, 9, 14-16, 113
Hemingway, Mary, 15-16
Hepburn, Audrey, 31-33, 35, 49, 53, 84
Hepburn, Katharine, 49, 65, 67-68, 107-110, 122
Herb Brown, Nacio, 29
Hernández, Juano, 90-91
Herodes, 34
Heródoto, 121
Herrmann, Bernard, 20-22
Hesser, George, 61
Heston, Charlton, 53
Hitchcock, Alfred, 11-13, 19-21, 23, 58, 64, 68, 71, 114
Hitchcock, Alma, 64
Hitler, Adolf, 68, 113
Holmes, Sherlock, 25, 51
Homero, 5, 87
Honegger, Arthur, 18
Hope, Bob, 83
Hopper, Edward, 43
Houdin, Robert, 5
Hughes, Howard, 107
Hugo, Victor, 12
Hunter, Tony, 37
Hurrell, George, 61-63
Huston, John, 34, 85
Huston, Walter, 39

Janouch, 13
Jay Lerner, Alan, 35, 42
Jennings, Talbot, 9
Jessel, George, 39
Johnson, Lucy (ver Gardner, Ava)
Jolson, Al, 18, 27-29, 39, 40, 53, 119
Jones, Jennifer, 69

Jonson, Ben, 73
Joyce, James, 10, 12, 19, 131

Kafka, Franz, 10-13
Kane, Charles Foster, 91-92
Kanin, Garson, 107
Karlson, Phil, 56
Katz, Ephrain, 1, 77, 78, 93
Kaye, Nora, 42
Keaton, Buster, 118
Keeler, Ruby, 30
Kelly, Gene, 30-32, 35, 36, 41, 43
Kershner, Irvin, 56-57
Khan, Ali, 28
King, Henry, 122
Kobal, John, 42, 61, 66, 75, 86, 119, 127-130
Kodaly, Zoltan, 23
Korda, Alexander, 19
Korngold, Erich Wolfgang, 18, 19, 23
Krafft-Ebing, R., 107-108
Kramer, Stanley, 12
Krantz, Jakob, 77
Kruschev, Nikita, 37
Kubrick, Stanley, 56
Kuleshov, Lev, 4
Kurosawa, Akira, 45

Lake, Veronica, 129
Lamarr, Hedy, 70, 78, 97-100, 103, 127
Lamour, Dorothy, 70
Lancaster, Burt, 47, 50, 53
Landis, Carole, 56
Langlois, Henri, 24
Lara, Augustín, 100
Lean, David, 108
Leigh, Vivien, 70, 99, 120, 127
Leisen, Metchell, 120
Lemmon, Jack, 74
Lenin, Vladimir Ilich Ulianov, 50-51

Lerner, Irving, 56-57
Lichtenberg, Georg, 79
Loewe, Frederick, 35
Loman, Willy, 41
Lombard, Carole, 68
Loren, Sophia, 53
Losch, Maria Magdalena Von (ver Dietrich, Marlene)
Losey, Joseph, 13
Loy, Mirna, 71
Lubitsch, Ernst, 37, 67, 134
Lucas, George, 57
Lugosi, Bela, 8, 47, 82
Lumière, Auguste, 4
Lumière, irmãos, 3, 5, 27, 39, 101
Lumière, Louis, 3, 4, 8
Lydecker, Waldo, 129

Malick, Terry, 132
Malinche, 101
Malraux, André, 37
Mamoulian, Rouben, 37-39
Mangano, Silvana, 99
Mankiewicz, Joseph, 109-110
Marais, Jean, 102
Marion, Frances, 116
Marker, Chris, 17
Marlowe, Christopher, 73
Marqués, María Elena, 99
Martí, José, 82, 125
Martin, Steve, 43
Martínez Asúnsolo y Negrete, María Dolores (ver Río, Dolores Del)
Marvin, Lee, 49, 50, 57, 72, 82
Marx, Groucho, 68
Marx, Harpo, 51
Marx, irmãos, 51
Marx, Karl, 50
Mary Poppins, 44
Matisti, 91-92
Matzo, Elizabeth (ver Scott, Lizabeth)
Maugham, Somerset, W., 85

Mayer, Louis B., 66, 77, 79, 116-119, 121
Mayo, Virginia, 71
McCarthy, Kevin, 57
McLaine, Shirley, 57
Meeker, Ralph, 91
Méliès, Georges, 3, 5, 8
Melville, Herman, 14
Mendelssohn, Felix, 19
Mercouri, Melina, 66
Mifune, Toshiro, 45
Milestone, Lewis, 39
Mille, Katherine de, 83
Miller, Ann, 30
Milstein, Lev, 39
Milton, John, 5
Minnelli, Vincent, 31, 34-36, 41, 65, 81, 88, 117-118
Mitchell, Thomas, 108
Moix, Terenci, 129
Molina Foix, Vicente, 129
Monegal, Emir, Rodríguez, 66
Monroe, Marilyn, 51-52, 81, 116-118
Montalbán, Ricardo, 87-89
Montez, María, 85-86
Moreau, Jeanne, 13
Moreno, Antonio, 77-79, 82
Moreno, Mario Cantinflas, 88
Mortensen, Norma (ver Monroe, Marilyn)
Murphy, Eddie, 51
Mussolini, Benito, 49, 68

Negrete, Jorge, 100
Newmar, Julie, 75
Newton, Isaac, 1
Nielsen, Asta, 9
Nightingale, Florence, 118
Nijinski, 32, 37, 42
Niro, Robert de, 45, 51
Nixon, Marnie, 53
Nostradamus, 10

Novak, Kim, 64
Novak, Marilyn (ver Novak, Kim)
Novarro, Ramón, 79, 80, 82, 89
Nureiev, Rudolf, 32, 37

Ockelman, Connie, 129
Ofélia, 9
Olivier, Laurence, 51, 120
Olmos, Edward James, 89
Ondra, Annie, 68
Ophüls, Max, 120
Otelo, 73, 97

Pagnol, Marcel, 54
Palma, Brian de, 6
Pan, Hermes, 35
Páris, 74
Parker, Arthur, 41
Parker, Dorothy, 108
Parker, Eleanor, 69
Parks, Larry, 40, 53
Pátroclo, 74
Paul, Ru, 73
Peck, Gregory, 50
Penélope, 87
Pentesileia, 75
Peña, Elizabeth, 88
Pérez, Concha, 114
Peters, Bernadette, 43
Pettaci, Claretta, 68
Pfeiffer, Michele, 68
Picasso, Pablo, 19, 84
Pickford, Mary, 55
Plateau, Joseph, 3
Plutarco, 110, 121
Poe, Edgar Allan, 11-12, 25, 71
Poitier, Sidney, 51
Polônio, 103
Porter, Cole, 35, 38
Porter, Edwin S., 6
Potter, Dennis, 7, 42
Powell, Eleanor, 30

Preminger, Otto, 94
Primo de Rivera, Miguel, 48
Proust, Marcel, 10
Pryor, Richard, 51
Puig, Germán, 24, 132
Puig, Manuel, 9, 65, 69, 86

Quinlan, Hank, 115
Quinn, Anthony, 80, 82-84, 88-89

Raft, George, 58-59
Raines, Ella, 70
Rains, Claude, 122
Reagan, Ronald, 69
Remarque, Erich Maria, 111
Renoir, Jean, 99-100, 103
Resnais, Alain, 37
Reville, Alma, 64
Rey, Fernando, 90
Riefenstahl, Leni, 4
Rimbaud, Arthur, 12
Río, Dolores del, 78-79, 88, 103
Rivera, Diego, 100
Robinson, Bill, 30
Robinson, Edward G., 51
Rodgers, Richard, 39-40
Rodríguez, José Miguel, 129
Rogers, Ginger, 7, 30, 32, 41, 68, 109
Roland, Gilbert, 77, 81-82, 90
Rohmer, Eric, 132
Romero, César, 82, 89
Rooney, Mickey, 4
Ross, Herbert, 42
Rossellini, Roberto, 135
Rossman, Karl, 11
Rostand, Edmond, 84
Rozsa, Miklos, 19-20, 23, 25-26
Rubio, José Luis, 93, 129

Sacher-Masoch, 88, 111
Sade, D.A., François, marquês de, 109
Saint-Saëns, Camille, 17-18

Samaniego, José Ramón (ver Novarro, Ramón)
Sansa, Gregor, 10
Santiago, o pescador, 14
Saslavski, Luis, 103
Satie, Erik, 23
Schell, Maximilian, 112
Schoenberg, Arnold, 19
Schroëder, Barbet, 132
Sel, Dr., 51
Selznick, David O., 71, 78, 120, 121, 123
Sennett, Mack, 10
Shakespeare, William, 9, 12, 73, 95, 97, 133
Shaw, Bernard, 35
Sheen, Martin, 88
Sherazade, 86
Sheridan, Ann, 68-69
Siegel, Donald, 56-57
Snipes, Wesley, 75
Solina, Franco, 13
Soriano, Jaime, 23-26, 103
Soriano, Leonardo (ver Soriano, Jaime)
Soto, Talisa, 88
Spielberg, Steven, 57
Stamp, Terry, 75
Stanwyck, Barbara, 66, 69
Steichen, Edward, 61-63
Steiner, Max, 18-19
Stern, Joe, 6, 111
Sternberg, Joseph von, 6, 67, 97-98, 111-114, 120
Stevens, Stella, 65
Stewart, James, 50
Stiller, Mauritz, 77
Strauss, Johann, 100
Strauss, Richard, 100
Strick, Joseph, 12
Sturges, Preston, 54
Sullavan, Margaret, 127
Swanson, Gloria, 98

Swayze, Patrick, 75

Talmadge, Norma, 81
Tamiroff, Akim, 89
Tarantino, Quentim, 9
Tarzan, 80-81
Taylor, Elizabeth, 70, 81
Taylor, Robert, 66
Tchaikovsky, Piotr Ilich, 18, 47
Tejada, Raquel (ver Welc, Raquel)
Tétis, 73
Thalberg, Irving, 29, 109
Tibbs, Virgil, 51
Tierney, Gene, 129
Todd, Thelma, 68
Toulouse-Lautrec, Henri de, 85
Tourneur, Jacques, 56
Tracy, Arthur, 43
Tracy, Spencer, 4, 67, 107-110
Truffaut, François, 11, 43, 132
Turner, Lana, 65

Ulisses, 12, 74, 87
Ustinov, Peter, 48

Vachel, Lindsay, 8
Valentino, Rodolfo, 61, 76-77, 79-80, 83
Van Dyke, W.S., 122
Van Gogh, Vincent, 44-45, 109
Veidt, Conrad, 26
Vélez de Villalobos, María Guadalupe (ver Vélez, Lupe)
Vélez, Lupe, 80, 81, 86
Verne, Jules, 8
Vidal de Santos Siles, África (ver Montez, María)
Vigón, Ricardo, 24-25
Villarías, Carlos, 47, 82
Visconti, Luchino, 53

Wagner, Richard, 17-18, 20

Walbrook, Anton, 48, 137
Walton, Willian, 18
Warhol, Andy, 86
Warner, irmãos, 14, 19, 28-30, 39-40, 48, 110, 122
Warner, Jack, 40
Warner, José Luis, 40
Warner, Sam, 40
Wayne, John, 50, 77-78
Weill, Kurt, 91, 95
Weissmuller, Johnny, 80
Welch, Raquel, 88
Welles, Orson, 12-13, 20, 28, 51, 78, 86, 91-92, 94-95, 103, 107, 110, 114-115
Wellman, William, 88
Wells, H.G., 8
Werner, Oskar, 48

West, Mae, 113
Widmark, Richard, 57
Wilde, Oscar, 102
Wilder, Billy, 7, 25, 85, 94, 114, 134
Williams, Andy, 53
Williams, Tennessee, 67
Willis, Gordon, 42, 134
Windsor, Marie, 56
Wyman, Jane, 69

Young, Loretta, 87

Zampanò, 83
Zanuck, Darryl, 29
Zapata, Emiliano, 83
Zapata, Eufemio, 83
Zimbalist, Efrem, 28

ÍNDICE DE FILMES, PEÇAS E LIVROS

Acima de qualquer suspeita, 89
Acordes do coração, 62
Agora seremos felizes, 31, 34, 36, 117
Algemas de cristal, 67
All that jazz – o show deve continuar, 32
Alma no lodo, 51
Alphaville, 12
Ama-me esta noite, 37-40
América, 11
Amor entre ruínas, 122
Anjo azul, 67, 96, 97, 111, 113, 114
Annie Hall, 34
Ano passado em Marienbad, 37
Árabe, O, 79
Assaltante do deserto, 86
Assassinato do duque de Guise, O, 8, 17
Assassino público nº 1, 56
Assassinos, Os, 19, 57
Assim amam as mulheres, 108
Assim estava escrito, 82
Atire a primeira pedra, 97
Ave do Paraíso, 78
Aventura na Martinica, Uma, 48, 53
Aventuras de Robin Hood, As, 19
Aventuras de um jovem, 91

Banda à parte, 12
Barry Lyndon, 42
Batman, 82
Beije-me, idiota, 7
Beijo da mulher aranha, O, 9, 65, 89

Beijo, O, 8
Bela e a fera, A, 102
Bela Otero, A, 100
Ben Hur, 19, 79
Billy Bathgate – o mundo a seus pés, 134
Blade Runner, o caçador de andróides, 89, 136
Boêmio encantador, 67
Bohème, La, 9
Bola de fogo, 69
Bom pastor, O, 94
Bonde chamado Desejo, Um, 83
Bonnie e Clyde – Uma rajada de balas, 34

Cabana no céu, Uma, 31, 34
Caixa de Pandora, A, 111
Caminho do arco-íris, O, 37
Can-can, 37
Cantando na chuva, 29, 31, 36, 43
Cantor de jazz, O, 6, 17, 19, 27, 28, 39, 40
Cão andaluz, Um, 23
Carteles, 99
Casa dos espíritos, A, 90
Casablanca, 84, 122
Casal do barulho, Um, 68
Castelo sinistro, 83
Castelo, O, 13
Centelha de amor, 69
Charlie Chan no Egito, 86
Chegada do trem na estação, 4

Cidadão Kane, 9, 20, 91, 94
Cimarron, 18
Cinco covas no Egito, 94
Cinderela em Paris, 31, 36, 37, 41
Ciúme, sinal de amor, 37
Collins, 113
Combinação de Mabel, A, 56
Condenado à morte escapou, Um, 12
Conquista do paraíso, 1492 – A, 90
Consciências mortas, 88
Contatos imediatos do 3º grau, 58
Corona de espinas, 102
Corona de hierro, La, 102
Corona negra, La, 102, 103
Corpo que cai, Um, 20, 21, 64
Corrida contra o destino, 90
Cortina rasgada, 21, 71
Crepúsculo de uma paixão, 64
Crepúsculo dos deuses, 98
Cyrano de Bergerac, 84

Dama das camélias, A, 27, 66, 81, 122
Dama de Espadas, A, 42
Dama de Xangai, A, 13, 28
Dark Star, 58
De repente, no último verão, 110
Delator, O, 18
Demônio do Congo, O, 70
Dentro da noite, 69
Detetive cantor, O, 6
Dia em Nova York, Um, 31, 36
Dias de ira, 12
Dias de paraíso, 134
Dinheiro do céu, 7, 40-43
Diversão na lavanderia chinesa, 111
Domínio dos bárbaros, 94
Doña Bárbara, 96
Doña Diabla, 69
Dr. Fantástico, 42, 56
Drácula, 47, 82

Duas vezes meu, 122
Duelo ao sol, 69

E la nave va, 53
E o vento levou, 18, 120, 121
Edison, o mago da luz, 4
El Cid, 20, 53
Em cada coração um pecado, 68, 69
Embriaguez do sucesso, A, 47
Entre laranjais, 77
Estrada da vida, A, 83
Estranha passageira, A, 18
Êxito fugaz, 91
Êxtase, 70

Falando de canções, 28
Fama, 33
Fantasia musical, 95
Fantástico Dr. Dolittle, O, 42
Farrapo humano, 19
Fatalidade, 19, 121
Fedora, 85
Filhos de Sanchez, Os, 78
Fim de semana em Havana, 87
Fim do carrasco, O, 55
Fio da navalha, O, 48
French Cancan, 99, 103
Frenesi, 21
Friend sleeps, A, 102
Fundo do coração, Do, 34, 41, 89
Fúria do desejo, 69

Garotas em penca, 87
Garoto selvagem, O, 134
Gata selvagem, 86
Gato e o canário, O, 10
Gaúcho, O, 80
Gigi, 35, 42
Gildu, 53
Gotta sing, gotta dance, 42
Grande Golpe, O, 56
Grande Hotel, 62, 96

Grande roubo do trem, O, 6, 8
Guerra nas estrelas, 57, 58

Hair, 37
Hamlet, 9, 38
Havana, 89
Herói por acidente, 89
Hispanics in Hollywood, 79
Historia de una noche, A, 103
Hollywood, 122
Hollywood, mon amour, 37
Homem do prego, O, 91
Homem errado, O, 20
Homem leopardo, O, 56
Homem que disparou a Garbo, O, 128
Homem que vendeu a alma, O, 20

Imigrante, O, 11
Incrível homem que encolheu, O, 56
Inferno nº 17, 7
Ingênua até certo ponto, 94
Intocáveis, Os, 6
Intriga internacional, 21
Inundação, A, 24
Ivanhoé, o vingador do rei, 19, 20

J'accuse, 85
Jejum de amor, 7
Jetée, La, 17
Joana d'Arc, 84, 85
Joelho de Claire, O, 134
Jogadora infernal, 80
Jogo mortal, 51
Jornada de pavor, 78
Jornada nas estrelas, 88
Josefina, a cantora, 10
Jovem Thomas Edison, O, 4
Joyas de la corona, Las, 102
Júlio César, 133

Katz, Enciclopédia do Cinema, 1, 77
King Kong, 18

Ladra, A, 94
Ladrão de Bagdá, O, 19, 20, 26
Lafitte, o corsário, 83
Lágrimas de triunfo, 64
Latin Lovers, 87
Lawrence da Arábia, 83
Leopardo, O, 53
Levada da breca, 7, 9, 49, 67
Liga de Gertie, A, 56
Loja da esquina, A, 117
Lola Montès, 48
Lolita, 56
Loucos, apaixonados e incuráveis, 7
Loucuras de verão, 57
Loura com açúcar, Uma, 69, 86
Lua de mel agitada, 87, 88
Lullaby of Broadway, 31

M. Klein, 13
Malvada, A, 109
Mammy, 27, 28
Maratona da morte, 51
Marca da maldade, A, 114
Margem da vida, À, 69
Marnie – confissões de uma ladra, 21, 71
Mary Poppins, 44
Mary Stuart, 67, 108, 109
Mata Hari, 80
Meia-Noite, 7, 9
Meias de seda, 37, 38
Melhores anos de nossas vidas, Os, 71
Melodia da Broadway, 29, 36, 37
Melodia imortal, 64
Memórias, 42
Metamorfose, A, 10, 11
Miami Vice, 89
Mil e uma noites, As, 86
Milhão de anos a. C., Um, 88
Milho verde, O, 122
Mimi, 9
Minha bela dama, 35

Moby Dick, 14
Modas de 1934, 31
Mogambo, 46
Momento de decisão, 42
Monstro da Lagoa Negra, O, 56
Mordedoras de 1935, As, 30, 31
Morrer mil vezes, 89
Morta-viva, A, 56
Morte do caixeiro viajante, A, 41
Morte num beijo, A, 91, 94, 137
Mulher Cobra, A, 86
Mulher de Satã, 85
Mulher do dia, A, 108, 109
Mulher invisível, A, 86
Mulher que soube amar, 67
Mulher satânica, 114
Mulher sem nome, A, 70
Mulheres rebeldes de Cuba, As, 75
Mulheres, As, 121
Mundo a seus pés, O, 134
Mundo de 2020, No, 51
Mundo não perdoa, O, 91

Nadie escuchaba, 133
Não tornarás a almoçar nesta cidade, 121
Nasce uma estrela, 35, 117-119
New York Times, 79
Nighthawks, 43
Nijinski, 42
Ninotchka, 67
Nirvana, 39
No calor da noite, 52
No silêncio da noite, 72
Noiva desconhecida, A, 117
Noivo neurótico, noiva nervosa, 42
Núpcias de escândalo, 65
Núpcias reais, 36, 37

O que terá acontecido a Baby Jane?, 62, 71
Odisseia no espaço, 2001 – Uma, 2, 56

Operação França, 90
Orfeu, 102
Our dancing daughters, 27

Pacto de sangue, 19, 69, 94
Paixão e sangue, 6
Papai precisa casar, 65
Para Wong Foo, Obrigada por tudo, 75
Paraíso infernal, 86
Paris vu par, 12
Passageiro, O, 12
Pássaros, Os, 12, 21
Patton – rebelde ou herói?, 90
Pavor nos bastidores, 114
Pecado da carne, 39
Pecado mora ao lado, O, 7
Pedras do dominó, As, 12
Peñon de las ánimas, El, 99
People will talk, 129
Pepe, o cubano, 87
Pirata, O, 31, 35, 117
Playboy, 65
Poderoso chefão, O, 57
Ponte de Waterloo, A, 127
Ponteiro da saudade, O, 117
Por quem os sinos dobram, 84, 85, 94
Portal do Paraíso, 6, 34
Porteiro da noite, O, 13
Possuída, 62
Preço da glória, O, 88
Priscilla, a rainha do deserto, 75
Processo, O, 12, 13
Proscritos, Os, 77
Psicose, 20, 21

Quando fala o coração, 19, 23
Quando o coração floresce, 108
Quanto mais quente melhor, 7, 74
Quatro cavaleiros do Apocalipse, Os, 76
Quatro penas brancas, As, 19
Que o céu a condene, 19
Queda da Casa de Usher, A, 24

Quo vadis?, 19, 20

Rainha Elizabeth, 8
Rastros de ódio, 77
Rebelião no presídio, 56, 57
Regador regado, O, 4
Reis do mambo, Os, 90
Relíquia macabra, 69
Retrato de Dorian Gray, O, 48
Retrato de Jennie, O, 69
Retrato de mulher, Um, 51
Ricas e famosas, 122, 123
Roda da fortuna, A, 31, 36, 37
Romeu e Julieta, 9
Rua 42, 30
Rua das lágrimas, 114
Rumo ao inferno, 56

Saída dos operários da fábrica, 3
Salambô, 20
Salomé, 102
Sangue de pantera, 56
Sangue e areia, 76, 86
Sangue sobre a neve, 83
Satã janta conosco, 68
Sede de viver, 83
Sedução da carne, 53
Selva nua, A, 69
Selvagem branca, A, 86
Sem pudor, 88
Sereia da Atlântida, A, 86
Seu último refúgio, 57
Sheik, O, 79
Simão do deserto, 52
Sinfonia de Paris, 29, 31, 42
Soberba, 20
Sonho de uma noite de verão, 19
Sonhos dourados, 40, 53
Sonny Boy, 28
Spartacus, 56
Sul de Taiti, Ao, 86
Suprema conquista, 7, 9

Taxi Driver, 22
Teatro da vida, No, 67
Telefone, O, 55
Tempo das diligências, No, 108
Tempo de violência (Pulp Fiction), 9
Terceiro tiro, O, 11, 20
Terra de todos, A, 77
Terra em fogo, 80, 82
Tesouro de Sierra Madre, O, 18
Testemunha de acusação, 114
Tia de Carlitos, A, 74
Tragédia de Romeu e Julieta, A, 73
Trágica obsessão, 21
Traição de Rita Hayworth, A, 65, 86
Trama macabra, 21
Tropic Holiday, 94
Tubarão, 57

Última hora, 7, 39
Último voo, O, 7

Vampiros de almas, 56
Veio do espaço, 56
Velho e o mar, O, 14-16, 110
Vento Levou, E o, 18, 120, 121
Vento, O, 120
Venturoso vagabundo, 40, 41
Vênus loura, A, 111, 112
Viagem fantástica, 88
Vida de artista, 51
Vida íntima de Sherlock Holmes, A, 25
Viúva Jones, A, 8
Viva Zapata!, 83
Vivendo em dúvida, 108
Voando para o Rio, 78
Volta ao mundo em 80 dias, A, 88
Voz do sangue, A, 83

Yolanda e o ladrão, 34

Zorba, o grego, 83